新媒体时代网络营销实战系列丛书•黑马程序员/编著

社群营销
运营实战

内 容 简 介

随着互联网的发展,线上营销模式变得越来越流行,其中近两年快速兴起的社群营销已经成为极其普遍的商业行为。

本书分为基础篇(第1章)、运营篇(第2～8章)、案例篇(第9章)三个部分,体系化讲述了社群的运营知识和常见的运营方法,提供了一系列精选综合案例,以及多个项目实战案例。

本书具有四个突出特点:一是采用了理论联系实际的案例驱动式教学方法,每章内容都以一个案例引出,用案例带动知识点的学习,将抽象的知识形象地传授给读者;二是知识全面,每一个章节都是社群运营的一个组成部分,给读者搭建了完整的社群运营知识体系;三是案例真实,书中涉及的每一个案例都是真实发生的,具有很强的真实性;四是方法实用性强,书中所提及的社群运营方法都是在当下的社群工作中会经常用到的,具有很强的可操作性。

本书附有配套视频、素材、习题、教学课件等资源,而且为帮助初学者更好地学习本书讲解的内容,还提供了在线答疑,希望得到更多读者的关注。

本书既可作为高等院校本、专科相关专业的新媒体营销课程的教材,也可作为社群营销的培训教材,是一本适合新媒体运营、社群运营、用户运营等行业人员阅读与参考的优秀读物。

本书封面贴有清华大学出版社防伪标签,无标签者不得销售。

版权所有,侵权必究。举报:010-62782989,beiqinquan@tup.tsinghua.edu.cn。

图书在版编目(CIP)数据

社群营销运营实战/黑马程序员编著. —北京:清华大学出版社,2020.3(2024.1重印)
(新媒体时代网络营销实战系列丛书)
ISBN 978-7-302-55088-4

Ⅰ.①社… Ⅱ.①黑… Ⅲ.①网络营销 Ⅳ.①F713.365.2

中国版本图书馆 CIP 数据核字(2020)第 044517 号

责任编辑:袁勤勇
封面设计:韩 冬
责任校对:焦丽丽
责任印制:宋 林

出版发行:清华大学出版社
网　址:https://www.tup.com.cn,https://www.wqxuetang.com
地　址:北京清华大学学研大厦 A 座　　　　邮　编:100084
社 总 机:010-83470000　　　　邮　购:010-62786544
投稿与读者服务:010-62776969,c-service@tup.tsinghua.edu.cn
质量反馈:010-62772015,zhiliang@tup.tsinghua.edu.cn
课件下载:https://www.tup.com.cn,010-83470236

印 装 者:三河市龙大印装有限公司
经　　销:全国新华书店
开　　本:185mm×260mm　　　印　张:12.25　　　字　数:299 千字
版　　次:2020 年 3 月第 1 版　　　　　　　　　印　次:2024 年 1 月第 5 次印刷
定　　价:39.00 元

产品编号:087037-02

序 言

本书的创作公司—江苏传智播客教育科技股份有限公司(简称"传智教育")作为第一个实现 A 股 IPO 上市的教育企业,是一家培养高精尖数字化专业人才的公司,公司主要培养人工智能、大数据、智能制造、软件、互联网、区块链、数据分析、网络营销、新媒体等领域的人才。公司成立以来紧随国家科技发展战略,在讲授内容方面始终保持前沿先进技术,已向社会高科技企业输送数十万名技术人员,为企业数字化转型、升级提供了强有力的人才支撑。

公司的教师团队由一批拥有 10 年以上开发经验,且来自互联网企业或研究机构的 IT 精英组成,他们负责研究、开发教学模式和课程内容。公司具有完善的课程研发体系,一直走在整个行业的前列,在行业内竖立起了良好的口碑。公司在教育领域有 2 个子品牌:黑马程序员和院校邦。

一、黑马程序员—高端 IT 教育品牌

"黑马程序员"的学员多为大学毕业后想从事 IT 行业,但各方面条件还不成熟的年轻人。"黑马程序员"的学员筛选制度非常严格,包括了严格的技术测试、自学能力测试,还包括性格测试、压力测试、品德测试等。百里挑一的残酷筛选制度确保了学员质量,并降低了企业的用人风险。

自"黑马程序员"成立以来,教学研发团队一直致力于打造精品课程资源,不断在产、学、研 3 个层面创新自己的执教理念与教学方针,并集中"黑马程序员"的优势力量,有针对性地出版了计算机系列教材百余种,制作教学视频数百套,发表各类技术文章数千篇。

二、院校邦—院校服务品牌

院校邦以"协万千名校育人、助天下英才圆梦"为核心理念,立足于中国职业教育改革,为高校提供健全的校企合作解决方案,其中包括原创教材、高校教辅平台、师资培训、院校公开课、实习实训、协同育人、专业共建、传智杯大赛等,形成了系统的高校合作模式。院校邦旨在帮助高校深化教学改革,实现高校人才培养与企业发展的合作共赢。

(一)为大学生提供的配套服务

1. 请同学们登录"高校学习平台",免费获取海量学习资源。平台可以帮助高校学生解决各类学习问题。

高校学习平台

2. 针对高校学生在学习过程中的压力等问题，院校邦面向大学生量身打造了IT学习小助手——"邦小苑"，可提供教材配套学习资源。同学们快来关注"邦小苑"微信公众号。

"邦小苑"微信公众号

（二）为教师提供的配套服务

1. 院校邦为所有教材精心设计了"教案＋授课资源＋考试系统＋题库＋教学辅助案例"的系列教学资源。高校老师可登录"高校教辅平台"免费使用。

高校教辅平台

2. 针对高校教师在教学过程中存在的授课压力等问题，院校邦为教师打造了教学好帮手——"传智教育院校邦"，可搜索公众号"传智教育院校邦"，也可扫描"码大牛"老师微信（或QQ：2770814393），获取最新的教学辅助资源。

码大牛老师微信号

三、意见与反馈

为了让教师和同学们有更好的教材使用体验，您如有任何关于教材的意见或建议请扫码下方二维码进行反馈，感谢对我们工作的支持。

前　言

随着互联网产业的发展,新媒体行业已经日益成熟,越来越多的资讯呈现在我们眼前,以至于"信息溢出"。在这个大环境下,市场对于网络的需求开始转向更信赖同个圈子里的人,从而引发了社群产业的兴起。

社群的本质是基于相互信任的人与人、人与产品、人与企业的关系建立。这种关系本质是把需求方和供应方以更高的效率连接起来。社群营销首先就是把这种关系资源释放出来,从而降低自身的运行成本。这一特点使得社群营销运营成为当下热门的职业,各类公司对于该职位都有较多的需求。

为什么要学习本书

虽然市面上有很多关于社群的书籍,网络上也有大量的社群相关资料,但大多偏向理论,且不够全面,对于零基础或基础偏弱的社群从业者来说,常常看懂了社群知识却不知道该怎么落地执行。《社群营销运营实战》一书通过理论和项目实践相结合的方法,可以帮助社群从业者体系化地了解社群运营的知识,并且掌握多种社群运营工作方法,从而顺利投身社群运营工作之中。

此外,本书在修订的过程中,结合党的二十大精神"进教材、进课堂、进头脑"的要求,在给每个案例设计任务时优先考虑贴近生活实际话题,让学生在学习新兴技术的同时掌握日常问题的解决,提升学生解决问题的能力;在章节中加入素质教育的相关内容,引导学生树立正确的世界观、人生观和价值观,进一步提升学生的职业素养,落实德才兼备的高素质、高技能人才的培养要求。此外,编者依据书中的内容提供了线上学习的视频资源,体现现代信息技术与教育教学的深度融合,进一步推动教育数字化发展。

如何使用本书

本书针对的读者是已对网络营销有一定了解和基础的人群,以既定的编写体例(理论＋案例式)巩固对理论知识点的学习。通过大量的案例展示,帮助读者快速理解掌握书中的知识点。在内容编排上,全书分为9章,按照由浅入深的学习过程,讲解社群的定义、运营、技巧和案例,让读者能更深入了解社群营销运营的全貌。在内容选择、结构安排上更加符合从业人员职业技能水平的提高,从而达到教师易教、学生易学的效果。

书中第1章是社群理论知识,第2~8章是社群的运营指南,第9章是社群运营案例,每章的具体介绍如下。

- 第1章:讲解社群的相关内容,包括社群的发展及其规律,社群的相关概念、组成要素以及社群价值几个部分。

- 第 2 章：讲解社群平台的相关内容，包括微信、QQ、微博三个主流社群平台。
- 第 3 章：讲解社群基础运营的相关内容，包括社群定位、社群的运营阶段、社群常规运营方法、社群活动四个部分。
- 第 4 章：从用户增长和用户培养两个角度讲解社群用户管理的相关内容。
- 第 5 章：讲解社群推广的相关内容，包括免费流量渠道、KOL 引流、活动推广和付费推广四个部分。
- 第 6 章：讲解社群营销转化的相关内容，介绍各种营销转化模式。
- 第 7 章：讲解社群工具的相关内容，包括需求选择、工具选择、工具推荐三个部分。
- 第 8 章：讲解社群数据分析的相关知识，包括数据分析概念、常见的数据项目、数据分析方法三个部分。
- 第 9 章：通过新媒体知识分享群这一案例，串联起诸多社群运营知识，进行具体运营方法的展示。

致谢

本书的编写和整理工作由传智播客教育科技股份有限公司完成，主要参与人员有王哲等，全体参编人员在这近一年的编写过程中付出了很多辛勤的汗水，在此一并表示衷心的感谢。

意见反馈

尽管我们尽了最大的努力，但书中难免会有不妥之处，欢迎各界专家和读者朋友来信来函给予宝贵意见，我们将不胜感激。您在阅读本书时，如发现任何问题或有不认同之处可以通过电子邮件与我们取得联系。

请发送电子邮件至 itcast_book@vip.sina.com。

黑马程序员
2023 年 7 月　于北京

目 录

第 1 章 社群概述 ··········· 1
1.1 社群由来与发展 ··········· 2
1.1.1 社群的由来 ··········· 2
1.1.2 社群的阶段发展 ··········· 3
1.2 社群概念 ··········· 5
1.2.1 社群的定义 ··········· 5
1.2.2 社群经济的概念 ··········· 6
1.3 社群的组成要素 ··········· 8
1.3.1 相同的价值点 ··········· 8
1.3.2 良好的组织结构 ··········· 8
1.3.3 持续的输出 ··········· 9
1.3.4 合理的运营 ··········· 10
1.3.5 可复制性 ··········· 10
1.4 社群的价值 ··········· 10
1.4.1 运营社群性价比高 ··········· 10
1.4.2 高效承载用户 ··········· 11
1.4.3 容易产生信任感 ··········· 11
1.4.4 提高竞争力 ··········· 11
1.5 本章小结 ··········· 12

第 2 章 社群平台 ··········· 13
2.1 微信群 ··········· 14
2.1.1 微信介绍 ··········· 14
2.1.2 微信群介绍 ··········· 17
2.2 QQ 群 ··········· 22
2.2.1 QQ 介绍 ··········· 22
2.2.2 QQ 群介绍 ··········· 24
2.3 微博群 ··········· 33
2.3.1 微博介绍 ··········· 33
2.3.2 微博群介绍 ··········· 36

2.4 本章小结 ... 42

第3章 基础运营 ... 43

3.1 社群定位 ... 44
- 3.1.1 社群目的 ... 44
- 3.1.2 竞品分析 ... 47
- 3.1.3 用户画像 ... 57

3.2 社群的运营阶段 ... 63
- 3.2.1 起步期：建设与尝试 ... 64
- 3.2.2 成长期：扩张与完善 ... 65
- 3.2.3 稳定期：维护与变现 ... 65
- 3.2.4 衰退期：改变或重来 ... 65

3.3 社群常规运营方法 ... 67
- 3.3.1 群规则 ... 67
- 3.3.2 常规内容 ... 68
- 3.3.3 常规行为 ... 70

3.4 社群活动 ... 76
- 3.4.1 线上活动 ... 76
- 3.4.2 线下活动 ... 78

3.5 本章小结 ... 79

第4章 用户运营 ... 80

4.1 用户增长 ... 80
- 4.1.1 新用户来源 ... 81
- 4.1.2 用户分层 ... 82
- 4.1.3 用户增长方法 ... 84

4.2 用户培养 ... 85
- 4.2.1 用户情感阶段 ... 85
- 4.2.2 培养用户情感 ... 86

4.3 用户维系 ... 89
- 4.3.1 什么是积分体系 ... 89
- 4.3.2 如何建立积分体系 ... 89
- 4.3.3 积分体系的玩法 ... 91

4.4 本章小结 ... 92

第5章 社群推广 ... 93

5.1 免费流量渠道推广 ... 94
- 5.1.1 社交平台 ... 94
- 5.1.2 内容平台 ... 100

  5.1.3 私域流量平台 ········· 103
 5.2 KOL 引流 ········· 104
  5.2.1 了解 KOL ········· 105
  5.2.2 KOL 的选择 ········· 106
  5.2.3 和 KOL 合作的建立及维护 ········· 107
  5.2.4 KOL 的使用 ········· 108
 5.3 活动推广 ········· 110
  5.3.1 线上活动 ········· 110
  5.3.2 线下活动 ········· 112
 5.4 付费广告推广 ········· 112
  5.4.1 选择平台 ········· 112
  5.4.2 选择模式 ········· 113
  5.4.3 投放设置 ········· 114
 5.5 本章小结 ········· 114

第6章 营销转化 ········· 115

 6.1 商品销售 ········· 115
  6.1.1 商品维度 ········· 116
  6.1.2 服务维度 ········· 118
  6.1.3 数据维度 ········· 119
 6.2 知识付费 ········· 120
  6.2.1 课程 ········· 120
  6.2.2 问答 ········· 123
  6.2.3 提炼 ········· 125
 6.3 会员收费 ········· 125
  6.3.1 会员体系意义 ········· 125
  6.3.2 会员体系分类 ········· 126
  6.3.3 会员体系建设 ········· 126
 6.4 广告合作 ········· 128
 6.5 其他社群变现模式 ········· 130
 6.6 本章小结 ········· 131

第7章 社群工具 ········· 132

 7.1 社群运营需求 ········· 133
  7.1.1 需求筛选 ········· 133
  7.1.2 常见的需求 ········· 133
 7.2 工具选择 ········· 135
  7.2.1 寻找工具 ········· 135
  7.2.2 筛选工具 ········· 138

7.3 工具推荐 ·· 139
    7.3.1 社群管理类工具 ··· 139
    7.3.2 社群功能类工具 ··· 143
7.4 本章小结 ·· 146

第 8 章 社群数据分析 ··· 147

8.1 了解数据分析 ··· 148
    8.1.1 数据分析基础 ·· 148
    8.1.2 社群数据化 ··· 149
8.2 常见的数据项目 ·· 150
    8.2.1 群员数据 ·· 150
    8.2.2 内容数据 ·· 152
    8.2.3 业务数据 ·· 154
8.3 数据分析方法 ··· 155
    8.3.1 收集数据 ·· 156
    8.3.2 数据整理 ·· 158
    8.3.3 数据解析 ·· 164
    8.3.4 数据分析报告 ·· 165
8.4 本章小结 ·· 167

第 9 章 项目实战——新媒体知识分享群发展历程 ················ 168

9.1 社群背景介绍 ··· 168
9.2 社群起步期 ·· 169
    9.2.1 建群准备 ·· 169
    9.2.2 初始用户 ·· 173
    9.2.3 初期运营工作 ·· 178
    9.2.4 优化运营工作 ·· 180
9.3 社群发展期 ·· 181
    9.3.1 推广拉新 ·· 181
    9.3.2 用户维系 ·· 182
    9.3.3 应急措施 ·· 183
9.4 社群成熟期 ·· 184
9.5 社群衰退期 ·· 184
9.6 本章小结 ·· 184

第 1 章 社群概述

【学习目标】

知识目标	➤ 了解社群的由来与发展 ➤ 掌握社群及社群经济的基本概念
技能目标	➤ 掌握社群的构成要素及其价值

思政案例

【案例引导】

"凯叔讲故事"品牌的创立

2013年3月,王凯从中央电视台辞职,开始了自己的创业之旅,创立了国内最大的童年故事品牌——凯叔讲故事。

最开始王凯为了培养女儿的阅读习惯,每天睡觉前要给她讲故事,并且为了女儿每天都能听到两个故事,即使在出差的时候也将故事做成录音,让女儿坚持听故事,从而积累了大量的故事录音。然后有一次意外地将录音放到了幼儿园家长微信群里,没想到反响很好,家长们都要求多来点故事。于是,王凯看到了机会,开始建立自己的故事社群,在群里王凯自称为凯叔。通过社群,凯叔获取了自己的第一批核心粉丝。她们的宝宝每天听着凯叔讲的故事入睡效果很好。于是粉丝们开始自发地向宝妈圈里推广凯叔所讲的故事,让越来越多的人加到社群里来。凯叔看到越来越多的粉丝支持自己所讲的故事,感到大有可为,于是创建了自己的品牌——凯叔讲故事。

在粉丝的支持下,"凯叔讲故事"品牌发展迅速,据统计品牌粉丝社群数已超2000,可以说凯叔的成功离不开社群。

【案例思考】

通过这个案例,大家可以看到,社群对于品牌核心粉丝的获取、品牌前期的宣传、用户的维系都可以起到很大的作用。再看这两年的互联网商业模式,私域流量、社群经济、KOL和KOC的概念似乎一夜之间席卷了整个互联网,那么到底什么是社群?为什么这几年社群突然爆发了?什么样的企业或者产品适合做社群……

这些肯定是大家都想了解的,本章将逐步介绍社群的相关概念与特点,带着大家初步认识社群。

1.1 社群由来与发展

社群在互联网领域如火如荼地发展着,但是很多人对于社群这一概念一知半解,而运营者在对社群没有足够了解的情况下去运营社群,失败率会很高。想要了解社群,首先要知道社群从哪儿来,又是如何发展的。因此,本节将从社群的由来和社群的发展阶段两个角度带大家认识社群。

1.1.1 社群的由来

社群是人类社交需求推动下出现的社交形式。

社交是人类与生俱来的本能,是人们运用一定的方式或工具来传递信息、交流思想,以达到某种目的的社会各项活动。从手势动作到语言文字的创建,再到现如今的移动互联网模式下的社交网络,人类的社交形式在不断地变化。在社交时,人们可以通过交流、沟通信息、建立关系等方式进行社交以达到学习、创造、自我实现的目的。

人们不满足于一对一的社交,而是希望和更多的人在一起学习交流,所以就出现了社群。社群其实是作为一种为了满足人们实现社交需求、尊重需求和自我实现需求的载体。

人类的需求在间接地推动着社会的发展,我们通过研究人类不同阶段的需求发展,可以将其很好地应用到商业中。马斯洛需求层次理论就很好地阐释了人类基本的需求层次,大家可以以此作为研究社群用户需求的思路。

> **多学一招:马斯洛需求层次理论**

马斯洛需求层次理论是人本主义科学的理论之一,由美国心理学家亚伯拉罕·马斯洛1943年在《人类激励理论》论文中提出。书中将人类需求像阶梯一样从低到高按层次分为五种,分别是生理需求、安全需求、社交需求、尊重需求和自我实现需求,如图1-1所示。

图1-1 马斯洛需求层次金字塔

马斯洛的需求层次理论在一定程度上反映了人类行为和心理活动的共同规律。马斯洛从人的需求出发,探索人的激励和研究人的行为,抓住了问题的关键;人的需求是由低级向高级不断发展的,这一趋势基本上符合需求发展规律。因此,无论是做社群,还是做产品或做电商,这一理论对于我们研究用户需求及其拓展是很有借鉴意义的。

各层次需求的基本含义如下所示。

(1) 生理上的需求

人类维持自身生存的最基本要求,包括饥、渴、衣、住、行方面的要求。如果这些需要得不到满足,人类的生存就会成问题。在这个意义上说,生理需求是推动人们行动的最强大的动力。

(2) 安全上的需求

人类有保障自身安全、摆脱失业和丧失财产等威胁、避免职业病的侵袭等方面的需要。整个有机体是一个追求安全的机制,人的感受器官、效应器官、其他能量主要是寻求安全的工具,甚至可以把科学和人生观都看成是满足安全需要的一部分。

(3) 感情上的需求

这一层次的需要包括两个方面的内容。一是友爱的需求,即人人都需要伙伴之间、同事之间的关系融洽或者保持友谊和忠诚;人人都希望得到爱情,希望爱别人,也渴望接受别人的爱。二是归属的需求,即人都有一种归属于一个群体的感情,希望成为群体中的一员并相互关心和照顾。感情上的需要比生理上的需要更细致,它和一个人的生理特性、经历、教育、宗教信仰都有关系。

(4) 尊重的需求

每个人都希望自己有较高的社会地位,渴望个人的能力和成就得到社会的认可。尊重的需求又可分为内部尊重和外部尊重。内部尊重是指一个人希望在各种不同情境中有实力、能胜任、充满信心、能独立自主。外部尊重是指一个人希望有地位、有威信,受到别人的尊重、信赖和高度评价。

(5) 自我实现的需求

这是最高层次的需求,它是指实现个人理想、抱负,发挥个人的能力到最大程度,完成与自己的能力相称的一切事情的需求。例如,在抖音APP中,人们不仅可以表现自己的表演欲,而且还能获取粉丝且最终达到变现,这就是一种自我实现。

1.1.2 社群的阶段发展

社群其实一直存在于人类社会中,但是其形态会随着媒介技术的不断创新而发生变化。社群的发展主要包括三个阶段,分别为线下社群、无线电社群、互联网社群,这三者之间的关系并非新的取代旧的,而是不断创造出新模式,丰富社群的形式与模式。下面进行具体介绍。

1. 第一阶段:线下社群

线下社群是具有相同理想或者志趣的人们通过社团的形式聚集到一起,面对面地进行交流、畅谈人生、理想等。

例如,春秋时期的孔子先生,门下弟子三千,贤人七十二。他们经常在一起讨论学问,交流心得,还会有弟子在旁记录,其实这就是社群的一种形式,如图1-2所示。

再如民国时的新月社、读书社以及近代的主题沙龙,许多知识分子常常利用聚餐、茶会、座谈等形式组织沙龙,在沙龙中切磋学问、交流思想、增进感情等,这也是线下社群的一些展现形式。

通过线下社群,人们可以很快地认识志同道合的人,并且面对面的交流更有助于人与人之间建立友好的关系,但是受地域、时间等限制,这只适合于某一地区范围之内的人群。

图 1-2 辩论小组也是线下社群的一种形式

2. 第二阶段：无线电社群

在 20 世纪初，随着无线电技术（通过无线电联络的方式，如电报）的普及，人们沟通的方式发生了改变，开始出现以无线电方式进行聚会活动的社群，例如最有名的中国 HAM（业余无线电）社群，它由一群以无线电信号作为联络方式的爱好者组成，如图1-3所示。

图 1-3 无线电联络

类似中国 HAM 这样的社群完全是根据兴趣爱好组成的，同样也存在着地域和时间的限制，有时等一份回电需要好几天，因此这种联络方式并没有得到大量普及。

3. 第三阶段：互联网社群

20 世纪 80 年代后，随着互联网的普及，人类的社交方式又发生了很大的变化。随着 BBS、贴吧、豆瓣、SNS 等在线社交平台的出现，人类之间的沟通和交流真正意义上打破了时间和地域的限制。拥有共同爱好、相同价值观或共享利益的人聚集成一个相对固定的产物——互联网社群。

互联网社群中的用户通过各类网络应用连接在一起，在建立的网络群体中，用户的行为往往有着相同而明确的目标和期望。在互联网社群中，用户可以随时随地地聊天互动、交朋友和讨论问题。

随着互联网社群的发展,很快就应用到了更多的领域中,例如商业领域。

2013年8月18日,微信公众号诞生,无论是企业还是个人都纷纷加入到运营公众号的大潮中。随着竞争愈演愈烈,运营者发现自己公众号的增粉速度在降低,公众号内容的打开率和阅读量也在降低。为了解决这一问题,很多运营者建立了自己的粉丝群,通过粉丝群中的互动,促使粉丝帮助自己传播公众号,增加文章的曝光率和阅读量,提高公众号知名度与效益。

2014年后,出现了微商社群和知识型社群,这些社群比起简单地对粉丝分享内容的粉丝群,具有更高的商业价值,运营者可以通过在社群中传播营销内容和构建用户关系,最终实现自己的商业变现目的。

2016年,出现社群经济的概念,越来越多的人开始思考如何借助移动互联网的优势,让社群成为企业与用户连接的最短路径和最经济的手段。

2017年,各个行业的巨头也纷纷入局,开始做属于自己的社群商业体系。

1.2 社群概念

运营者在做社群之前,首先要对社群及其相关的概念有所了解,这样可以避免在运营社群的过程只知其然,而不知其所以然。在如今的社群领域中,最重要的概念莫过于社群和社群经济,本节将对这两个概念进行讲述。

1.2.1 社群的定义

社群的定义是:通过相同的价值点聚集在一起,而且在一定的场景下拥有持续且稳定的关联性的一群人。在该定义中包含了两个关键的词:价值点和关联场景。

1. 价值点

价值点是个体与个体之间建立社交联系的决定性因素,这是人际关系的基础。价值点可以是相同的兴趣、爱好、价值观或利益等,多个个体通过相同的价值点联系到一起,组成社交群体。

2. 关联场景

关联场景是初期社群建立后,群内人员能在某个场景下或者利用某个工具不断地进行互动、交流,从而形成持续稳定的关联性。关联场景可以是具体的位置,如学校、会议室、咖啡厅等;也可以是QQ群、微信群等。

为了让大家更好地理解社群的定义,下面通过一个案例来说明,如例1-1所示。

例1-1 社群的建立

(1) 小王老师是一所大学的图书馆管理老师,每天看到学生们在图书馆里安静地读书,他觉得很欣慰。但是久而久之,他意识到一个问题。在学习了知识后,如果大家能拿来和其他人进行分享,岂不是更好?所以他就开始联系每天来图书馆读书的学生,邀请他们来参加书友会,分享自己的所读、所想。这个提议得到了很多同学的支持,于是他们约定每周六晚上8点,找一个教室作为书友会的会场,同学们在此交流读书体验,结交新的朋友。大家都得到了很好的体验,之后便将每周六晚8点作为书友会开始的时间,教室作为参会的地点,由小王老师主持。小王老师还为此向学校申请将书友会作为图书馆的特有项目,在全校大力宣传。

(2)赵老板经营着一家美容院,由于会员流失率高,她想了个办法,想邀请所有的会员来参加一场派对,目的是为了让她的会员可以相互认识、了解,变成好朋友,从而增加会员黏性。她安排员工为每一个会员赠送了派对的门票。派对当天,会员来了很多,大家玩得也十分开心。赵老板以为她达到了自己的目的,但是后来逐渐发现并没有效果,会员继续流失,没有任何起色。

在案例1-1中,小王老师和赵老板都是想将具有相同兴趣爱好的人通过某种方式联系到一起,建立起他们之间的联系,从而组成社群,达成各自的目的。但是通过对比之后大家会发现,小王老师的书友会有确定的地点、时间,在这个场景下,书友们会定期持续地分享、交流,逐渐形成了社群;而赵老板的派对只是举行了一次,虽然效果还不错,但是之后没有形成持续的交流、沟通,之前建立的微弱关系就会慢慢地变得不复存在,这就是失败的原因,有了相同的价值点却没有关联场景,最终导致社群建立的失败。

通过讲解,想必大家已经理解了社群的关键点,其实社群的概念有很多种解释,而我们这里讲的主要是互联网下的社交网络中的社群概念。互联网模式下的社群就是价值点相同的群体通过互联网上的交流、平台进行持续交流、沟通组成的群组。

多学一招:社群和社区的差异

社群和社区是目前网联网比较流行的热门词,虽然二者看似意思相近,不管是社群还是社区,都是一群人的聚集地,但是二者的本质是不同的。

社区通常指的是现实中地区性的生活共同体和社会关系。社区是共同居住在一个地方或一个环境里的人与物之间的链接,着重的是物理空间的链接。因此在网络上,社区往往指的是一个可以容纳用户的平台,强调的是空间。

而社群是在强调人,社群更能把人不分时间空间的聚合连接在一起。社群里每个人都是一个中心,大家都可以利用碎片化的时间和资源做同一件事情。与社区相比,社群更突出群体交流,分工协作和相近兴趣,更强调群体和个体之间的交互关系。社群内部的成员有一致的行为规范,通过持续的互动,形成了较为强烈的社群感情和价值观。

1.2.2 社群经济的概念

社群经济是指企业和用户通过社群进行关联,从而建立产品、品牌与粉丝群体之间的情感信任和价值反哺体系,共同作用形成的自运转、自循环的范围经济系统。

这样的社群不再仅限于一群人在指定场景中进行简单的交流和分享,而是在社群运营者的经营下,社群成员会逐步接纳社群品牌、文化、价值观等精神层面的意志,从而变为社群运营者的忠实粉丝。

一方面,社群是由企业、组织等专业运营者主导,会通过各种运营手段让用户喜欢上自己,培养自己的忠实用户;另一方面,社群内还包含了多元化、多维度的服务和产品。首先是以社交网络为载体形成的跨时间、跨空间的生态系统,用户被价值观驱动和被内容吸引而聚集起来,发展壮大,最终促成交易,实现商业变现。然后社群运营者通过听取用户进行产品体验后所反馈的意见,实现产品的更新迭代,从而形成自运转、自循环的范围经济体系,如图 1-4 所示。

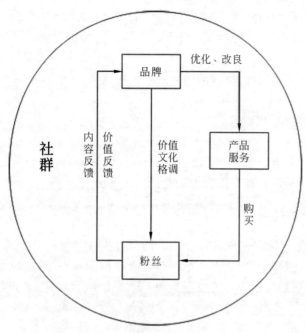

图 1-4　社群范围经济循环图

总的来说,在互联网时代,企业与用户、产品与消费者之间不再是简单的卖与买的关系,消费者开始在意物质产品之外的诸如品牌、文化、格调、人格魅力等精神性的东西,从而建立情感上的完全信任。在此基础上,一群有共同价值点的用户拥抱成团,他们一起互动、交流、协作和相互影响,然后对品牌和产品本身产生反哺的价值关系,包括对于产品的回购、需求的倾诉、品牌的宣传等。

下面通过一个案例,帮助大家更好地理解社群经济的概念,如例 1-2 所示。

例 1-2　罗辑思维——让社群用户成为商业节点

"罗辑思维"的知识社群首先将目标用户定位为 85 后热爱读书的白领。这类人群有共同的价值观并渴望在社群中找到精神上的优越感。"罗辑思维"为这群用户提供独立思考的启蒙和捷径,最大程度唤起用户独立思考的能力,激发用户的动机并养成分享习惯。

视频是罗振宇建立社群的入口和名片。通过视频的大范围传播,持有与他相同价值观的人能够在微信上聚集,参加各种互动。同时他进行了两方面的尝试扩散,首先是连接内部会员关系,例如举办霸王餐活动,让会员说服全国各地餐馆老板贡献出一顿饭,供会员们免费享用,借此达到传播的目的。第二种则是向外部扩散的,例如罗胖售书活动、众筹卖月饼活动、柳桃的推广活动。借助这些项目,社群里的人可以对外销售商品,从中得到回报。更重要的是,那些有能力、有才华的人可以在"罗辑思维"300 万用户面前展示自己,靠自己的禀赋获得支持,形成一个新的节点。

有内容互动也有精神上的价值输出,最后还养成了用户的付费模式,罗辑思维将社群做得很成功,为很多内容平台提供了很好的转型方向。

在例1-2中,"罗辑思维"通过社群将品牌的理念灌输给用户,然后引导和支持用户发展。用户向外输出品牌的一些理念、产品反哺于品牌,同时用户自己也获得了价值。罗振宇将社群做得风生水起,不外乎两点:① 用户的认可。只有用户认可了他的品牌和理念,才会与他形成互动,为其作出价值贡献。②商业路线的方向。社群形式千篇一律,运营模式的不同才是制胜的关键,根据自己品牌的内容制定个性化营销方案,才能实现价值的最大化。

1.3 社群的组成要素

一个正常的社群应当包含以下几个要素:相同的价值点、良好的组织结构、持续的输出、合理的运营、可复制性。本节将为大家作详细讲解。

1.3.1 相同的价值点

所谓相同的价值点,就是对某种事物的共同认可或者行为一致,这是搭建一个社群的基础。在做社群定位的过程中,价值点越精准越好。越精确,社群的定位就越清晰,用户才会更精准、更稳定。社群的价值点分为以下几种:情感依赖、分享快乐、利益驱动。

1. 情感依赖

病友、受情感问题困扰人群等往往愿意和有相同困惑的人相互安慰和帮助,在社群内分享自己的情感并聆听他人的感受,这一行为会使得群员之间很容易产生信任,进而使群员对社群产生情感依赖。

2. 分享快乐

当一群人彼此相处得很愉快时,很容易发展成为一个社群。例如,一些有相同爱好的人,因为存在共同话题,聚在一起后会分享自己对于该爱好的喜爱与该爱好给自己带来的快乐,很容易交流得很火热,从而形成社群。彼此分享快乐的社群会有一个良好的氛围,社群的生命力也会很旺盛。

3. 利益驱动

俗话讲无利不起早,如果有利益的驱动,那么每个人都会积极响应。大V店(一家社交电商平台)就充分利用了这一点,它有企业和用户组成的社群,也有供应商、用户和企业人员组成的用户社群。每次活动都会在群内对相应的产品、活动信息做分享培训,还会为用户提供免费的朋友圈分享素材,以利于他们做宣传。用户积极性普遍很高,因为有利可图。在这个环节中,供应商和企业拿出一部分利益让于消费者,在利益的驱动下,用户的忠诚度和黏性是很高的。

1.3.2 良好的组织结构

任何组织都要有一个良好的组织结构,企业应该有,社群也应该有,否则这个群体就是一盘散沙。良好的组织架构决定了社群能否持久发展,社群中的组织结构包括组织成员、入群门槛、管理规范,具体介绍如下。

1. 组织成员

社群内部成员的基本组织结构为管理者、运营人员、普通群员。这是基本的社群架构,还可以分得更细,但是一般的企业考虑到人力的成本,运营有时会兼营销、客服、管理员等几方面的工作。

1) 管理者

一般就是指群主。群主控制着社群内成员的增减,具有其他成员没有的社群操控权。像群内消息的通知等操作只能由群内的管理者执行。

2) 运营人员

运营人员的责任主要是根据公司业务规划及用户需求在社群内做相应的营销活动、内容分享、意见收集等工作,分别从拉新、促活、沉淀、裂变这几步进行运营,是社群阶段发展的主要推动者。同时运营人员相当于一个枢纽,他们连接了社群各个方面,如图 1-5 所示。

3) 普通群员

一个社群除了管理员和运营人员,其余的都是普通群员,他们是社群中最主要的组成部分。

2. 入群门槛

一般会设定一些加入社群的门槛(如入群费、购买过商品等),一是保证人员质量,防止无关人员入群;二是让新加入者感觉入群机会来之不易而格外珍惜。例如某学习社群,在入群之前会告知用户,需要支付 18.8 元的入群费。如果用户不想学习运营知识的话,肯定是不愿意掏这个钱的,这是一种保证人员质量和价值观的方法。

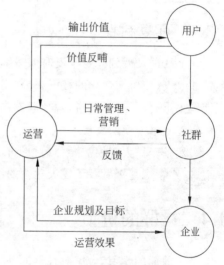

图 1-5 运营枢纽关系图

3. 管理规范

运营人员需要不断完善群规则并严格执行,通过规则来统一管理群成员的行为。但是大多数成员是不希望一个网络的社群中有太多约束的,这会让人觉得有一种失去自由的感觉,可如果没有约束,社群又会出现诸多问题。这就需要有合理的群管理规则来规范地管理社群,详细内容会在后续章节中讲解。

1.3.3 持续的输出

社群成员在入群后,需要持续地向他们输出有价值的内容,这也是他们入群的最重要的理由。如果他们在社群内不能收到有价值的东西,那这个社群对于他就是毫无意义的,那么他可能会在群里胡言乱语或者沉默不语,使得社群质量下滑。

输出的内容可依照自己产品和服务来定,可以是产品的使用方法、有趣的活动、免费的小礼品、有用的知识等。在做内容之前,可以利用投票等方式在群里做一下调查,看大家喜欢什么类型的内容和活动。建立社群就是为了能直接地连接用户,只有用户积极参与和反馈,社群才能走得长远。

1.3.4 合理的运营

运营的含义是对某一事物进行人为的干扰,从而使其向好的方向发展。社群也不例外,需要人员来进行正确的引导。社群的归属感、成员的忠诚度、活动执行、转化率等都是社群运营需要通过营销手段来向正确的方向发展和引导的。

例如,社群内组织了一次活动,主要目的是新品的宣传,对群内成员有很大的优惠额度。社群运营者希望通过这样的方式来推广新品,使新品可以在短时间内积累人气和销量。但是在活动进行过程中,有用户恰好知道了竞争对手也有近似的产品,优惠力度比群内大,并且在社群内透露了此事,而没有社群运营者出来进行解释或安抚,导致了大量用户的流失,新品宣传效果不佳。通过这个案例可以看出,社群中合理的运营十分重要。

1.3.5 可复制性

一个社群发展到一定程度时大多都需要建立新社群。以微信群为例,一个群的人员上限是 500 人,而对商业化的社群来说,用户过万甚至过十万都是有可能的。这时社群的可复制性至关重要。一个好的正常社群模式是可以复制的,甚至不用改变策略,按照固定的套路即可实现社群规模的发展。

当然是否扩大规模需要公司根据自己的发展规划来定,切不可没有目的性地盲目拓展规模,需要考虑是否做好了扩大运营的准备以及财力、物力、人力等问题。

1.4 社群的价值

经过前面的学习,大家对社群的基本概念已有所了解。这一节我们来了解社群的存在对于企业到底有什么样的价值,本节主要从四个方面进行介绍。

1.4.1 运营社群性价比高

比起传统的点对点交流沟通方式,通过社群的方式,可以在保证运营效果的前提下,使得运营成本更低。下面从获客成本和运营成本两个角度来讲解。

1. 获客成本

运营社群获取新客的成本低廉。互联网流量的红利已经过去了,百度搜索、网络广告等传统渠道的引流成本越来越高。社群是企业与用户沟通连接的最短路径,也是最廉价的路径。在社群成立时,企业按照社群的标签和路线,建立自己的社群运营体系后,可以利用多种营销手段增强用户对自己的好感,再通过裂变工具来获取新的用户。这样对企业来说获取新用户的成本会很低,而且精准度高,拥有很高的性价比。

2．运营成本

运营社群可以节省人力、时间，从而降低运营成本。基本上每个运营人员都可以管理 10 个以上的群，负责群内的定期分享、引导，以及解决用户的问题。在社群内，大家的每一次发言都会有几百人看到。就时间来说，和一个人说一句话与对着 500 人说一句话所用的时间是一样的。而且在向这 500 人传播了一个信息后，如果这个信息是对他们有价值的或是有趣的，他们则会继续向其他人传播。所以信息传播的时间成本会低很多。

因此在人力、时间等运营成本上，相比于其他的传播方式（如广告、地推等）要节约不少成本。

1.4.2 高效承载用户

比起公众号等媒体平台、APP 等应用平台或各类社区，社群中运营者和用户的联系更为密切，交流更高效，从而会使得在用户中的转化和变现更加高效。因此社群相对别的平台，更能高效地承载用户，实现社群运营者的运营目的。

1.4.3 容易产生信任感

在社群中，企业运营人员和用户是直接接触的，通过社群获取精准客户，然后利用内容及专业的服务去提升其信任，建立自己的口碑阵地。其实社群在本质上就是打造一个高服务、高信任的营销推广工具。在社群内，用户的反馈和需求会被企业相关人员第一时间看到，然后及时地反馈、跟踪、解决，为其带来良好的体验。用户感受到了关注和尊敬，信任度就会逐渐增加。

正所谓羊毛出在羊身上，企业营销的成本最终还是会转嫁到消费者身上。社群降低了企业的成本，而企业在社群内提高了用户的服务品质，可以说是一件真正双赢的事情。

1.4.4 提高竞争力

企业通过打造社群体系构建很强的竞争壁垒。以往企业竞争的主要维度是产品维度和价格维度，而随着消费升级，用户对价格的敏感度越来越低。通过构建社群打造圈层，企业让用户与用户、用户与企业之间保持着极强的黏性。用户的社交关系得到沉淀并且与商品属性进行了捆绑融合，最后他们的社交关系迁移成本将变得极高。

像租车、团购、直播这类平台性的公司一般通过资本打补贴战直接拖垮竞争对手，最后一家独大。而社群真正可以让中小企业稳定增收，用资本、跟风抄袭等手段很难把它们吞并。下面通过例 1-3 来帮助大家理解社群如何帮助企业提高竞争力。

例 1-3　"海那边"的社群突围战

移民行业在中国发展几十年，主要都是用高成本的方式在获客，例如通过大量的户外广告的投放去提升本地化的市场影响力；又或者通过百度竞价的方式为争夺那几个关键词而搞得"头破血流"。这样的结果是导致整个移民行业获取一个新客的成本能到上千元，客户缴纳的服务费中就包括了这个广告的投入费用。

回头算一笔账，发现最大的赢家其实是百度，可是不投放就无法获得客源，这时企业就会处在一个两难境地。

鉴于以上的情况，国内首家互联网海外移民服务平台"海那边"建立初始就制定了企业要走颠覆性的互联网模式。一方面是透过公开、透明的服务赢取顾客的信任，同时通过互联网手段实时同步追踪流程，不受地域影响实现千里之外一样可以为顾客服务。在获客手段方面，"海那边"的绝杀技就是建立自己的社群运营体系，通过微信群、QQ群等交流平台的运营来免费获取客户。成立两年以来，聚集了人数超过5万的有效客户群体。

"海那边"的运营者每人至少配两部手机，每个手机登录两个微信号，同时有多个QQ号在线，每天都有很多人主动添加这些微信号和QQ号，希望被拉到群里。

现在"海那边"的这种社群营销已经基本形成自己的壁垒，大家在搜索移民相关QQ群的时候，前面几个人多、活跃度高的基本都归属"海那边"运营。

在上面的案例中，"海那边"作为新兴的互联网移民平台，在传统的获客模式方面没有任何优势，所以它通过社群体系的建立和运营，在传统的移民公司的包围圈中杀出重围。可见社群的体系对于企业的发展尤其是企业初期发展是很有价值的。

1.5 本章小结

本章主要讲解了社群的相关内容，包括社群的发展及规律、相关概念、组成要素及其对于企业的价值几个部分。

通过学习本章，希望大家了解社群的发展史，掌握相关概念，加深对社群的理解，了解其规律及需求层次理论，以便于为以后的社群运营打下基础。

第 2 章
社 群 平 台

【学习目标】

知识目标	➢ 了解不同社群平台的历史 ➢ 了解不同社群平台的用户属性及平台优势
技能目标	➢ 掌握不同平台社群的人员结构 ➢ 掌握不同平台社群的建群方法 ➢ 掌握不同平台社群的功能

思政案例

【案例引导】

社群运营平台选择

小熊是一名大三的学生,平时喜欢硬笔书法,对硬笔书法有比较多的研究,曾在省级比赛中获过奖。一天,小熊经常光顾的纸笔店卖家找到他,想让他代理自己的"梦辰"牌硬笔书法纸笔类产品,并会给予一定的分润。通过市场调查,小熊发现自己既没有足够的时间和精力去做淘宝或微商,也没有合格的推销技能去做线下销售。最终小熊决定从社群营销入手,而且顺便尝试把自己打造成一个小网红。那么问题来了,选择什么平台来做社群呢?

通过网络渠道进行搜索后,小熊找出了 3 个比较优质的开放式社群平台:QQ、微信、微博,这 3 个平台都是当下比较主流的社交应用,其中的社群功能都较为完善。因此,小熊对这 3 个平台进行了深入的调查并做出了如表 2-1 所示的平台对比分析表。

表 2-1 平台对比分析表

角度	平台		
	QQ	微信	微博
用户群体	90、00 后为主	全方位	30 岁以下人群
社群规模	3~2000 人	3~500 人	3~1000 人
社群优势	有群介绍、头像、标签,可以升级为同城群等	使用简单	微博内置社群
管理结构	群主-管理员-群员	群主-管理员-群员	群主-管理员-群员
社群玩法	红包、收款、匿名聊天、礼物、音乐等二十余项功能	群红包、群收款、位置共享等	群红包、位置共享等

续表

角度	平台		
	QQ	微信	微博
推广方式	• 群二维码 • 群链接 • 个人邀请加入 • 搜索群号 • 通过标签、名字等形式查找	• 群二维码 • 个人邀请加入	• 群二维码 • 个人邀请加入 • 分享群 • 群名片
适用场景	组织严密、对功能需求多的大型团体	较轻松、无需太多软件功能的组织	微博体系下的组织
运营难度	高	低	中

通过各项属性，尤其是用户群体和运营难度的对比，小熊发现还是微信群最适合自己。因为小熊自己还没有用户，需要一个具有众多流量的平台；另外运营时间和成本都有限，没法使用太复杂的运营方式。于是小熊决定把微信作为主要运营平台，打造自己的社群。

【案例思考】

当下社交媒体数量繁多，它们旗下的社群产品也数量极多，为了统一称呼，这里把社交媒体及其提供的社群产品统一称为"平台"。

决定做社群运营前一定要经过深思熟虑，结合自身优劣势，综合分析不同平台的各项属性，选择最适合自身的平台。常见的分析项有：平台用户属性、平台优势、平台结构、平台功能等。例如通过平台用户属性定位并对比分析自己社群的目标用户，社群运营者可以从用户群体角度判断哪个平台更合适；又例如通过对平台优势和平台功能的分析并对比自己社群的需求，社群运营者从而能获知哪一个社群平台更适合自己。

本章将对微信群、QQ群、微博群这3个当下最主流社群平台进行讲解，其中包含软件本身及其中社群功能的介绍。

2.1 微信群

微信自2011年诞生至今，在国内的用户量超过10亿，几乎每个人都有自己的微信号。微信的核心功能在于社交，而即时通讯功能使它具有很强的社交黏性。在微信上，人们对私密联系的诉求更加强烈。本节将从微信介绍、微信群介绍两个角度来解析微信生态中的社群体系。

2.1.1 微信介绍

微信（WeChat）是腾讯公司于2011年推出的一个为智能终端提供即时通讯服务的免费应用程序。微信支持跨通信运营商和操作系统平台通过网络快速发送免费（需要消耗少量网络流量）语音短信、视频、图片和文字。下面将从发展历史、用户属性、平台优势三个角度来介绍微信这一平台。

1. 发展历史

微信的发展是一个从单纯通讯软件慢慢升级为全方位社交服务软件的过程,从以下版本迭代中可以看出微信的发展历史。

微信1.0版本的功能属性是相当简单的,只是满足了当时的通讯需求:发送消息、分享照片、设置头像。功能设计与思路较为普通,产品定位明确而有针对性。

微信2.0版本实现语音对讲功能并增加了很多配套及辅助功能。

微信3.0版本新增"摇一摇"和"漂流瓶"等功能,并且可以把二维码推送至微博,使得微信的用户量激增,开拓了陌生人社交的新功能板块。

微信4.0版本的用户量突破一亿,对外开放了接口和各类内容辅助功能,为用户搭建了基于社交圈的内容分享平台。4.2版本中增加了视频聊天的功能丰富了好友聊天沟通的表现方式,这一次微信把社交方式再次转向熟人社交。在其后的4.5版本中,推出了公众号媒体平台,推动了微信平台化的发展。

在微信5.0时代,已经完成社交平台蜕变的微信加入了商业化的元素,如绑定银行卡、游戏购物等功能。

到了6.0时代,微信则不断拓展盈利模式,积极构建用户与服务的连接纽带,培养用户的消费习惯,打造强势微信金融体系。同时,微信在不断打磨产品,牢牢把握用户需求并且通过新增拍摄小视频功能给用户提供新的分享方式。

在2018年底推出的7.0版本中,微信新增了视频动态功能;重新改版了界面,使得操作体验更加直观流畅;通过"看一看"分享好友认为好看的文章,加强了用户间的情感联系;给聊天设置强提醒,加强单向信息的传递。微信发展到至此,已经不只是一个成熟的产品,而是一个生态体系。

图2-1所示是微信产品迭代图,扫码后即可查看。

图 2-1 微信产品迭代

2. 用户属性

微信运营至今积累了大量的用户基础,分析出这些用户的属性对选择社群平台有着重要的价值。

从用户性别上看,男性用户高于女性用户,占据55.12%,女性用户占据44.88%,如图2-2所示。

图 2-2 微信影响力统计之性别数据

从年龄上分析,使用微信的主体范围比较广,每个年龄段的使用人群都占有一定的比例,并且35岁之前的用户使用比例较高,如图2-3所示。

从地域上看,微信使用频率主要在北上广等一线大城市,并且沿海使用频率高,内陆使用频率较低,如图2-4所示。

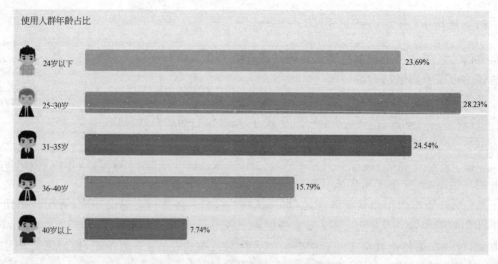

图 2-3 微信影响力统计之年龄数据

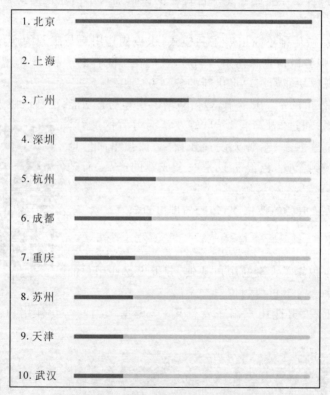

图 2-4 微信影响力统计之地域数据

综合以上信息并结合各类说明和观点,可以得出一些结论:
- 微信用户主要以中青年为主,80 后用户较多,并且是有一定的互联网使用经验的人群,渴望社交关注,有大量的碎片化时间,接受能力和适应能力强。
- 一线城市使用微信频率高,及时信息交流的需求大,并且信息传播快速,符合互联网的基本特征。地处内陆的偏远地区用户使用频率相对较低。

- 微信用户更偏爱熟人社交,并且很多人把微信视为工作工具,娱乐性较低。

3. 平台优势

相较于其他社交软件,微信的内部结构和功能相对简洁,更重视实用性。微信没有其他社交软件中的那些等级、特效和各式有趣的互动模式,而把重心放在了即时通讯上。

但是微信并不是不重视功能的完善,现如今的微信已经是涵盖短信、电话、视频、购物、游戏等功能的完整生态,并且微信生态内的用户是所有社交平台中最多的,所以可以说微信是国内最重要的社交平台。

2.1.2 微信群介绍

微信群即微信中的群聊功能,是腾讯公司推出的一个多人社交聊天平台,可以通过网络快速发送语音短信、视频、图片和文字等形式的内容。随着服务的升级和个人品牌思维的崛起,现在微信群是一个非常有利于打造个人品牌的社群平台。

下面将从人员结构、建群方式、社群功能三个方面对微信群进行详细介绍。

1. 微信群人员结构

1) 人数限制

一个微信群最少两个人,最多容纳 500 人。为了避免恶意账号给群带来骚扰和更好地保护信息安全,微信官方设定了以下规则:

- 微信群如果超过 40 人,新用户的邀请需要对方同意;
- 微信群如果超过 100 人,新用户需要通过实名验证才能接受邀请,可通过绑定银行卡进行验证。

📖 **多学一招:微信实名验证方法**

登录微信后,点击"我"选项→点击"钱包"选项→点击"银行卡"选项→根据提示绑定银行卡即可。

2) 人员结构

微信群的人员结构分为三级,如图 2-5 所示。

(1) 群主

微信群主大多数时候是指该微信群的创建者,在群内拥有最高的权限,有发布群公告、设置入群方式和移除群员的权限。

图 2-5 微信群人员结构

假如群主退出该群后,群主由第二个进群的人来继承,会排列在群成员列表的第一位。若前任群主再次回到该群,之前群主身份不会恢复。

群主也可进行转让,在微信打开群聊天界面→点击右上角功能键→点击"群管理"选项→点击"群主管理权转让"选项→选择需要转让的群友后确定即可。

所以一般群主退群前,一般会先转让群主权限给指定人选,再自行退群。

（2）群管理员

群管理员是由群主任命的用户等级，拥有除移除群主外的群主所有权限。

2018年8月，微信更新了微信群管理员功能，截至2022年12月管理界面如图2-6所示。

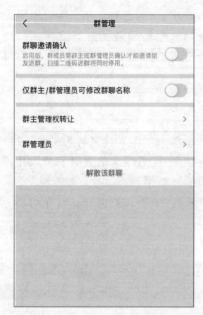

图2-6 微信群管理员设置

给微信群增加管理员是有限制的：每个群最多只能有4个管理员，也就是说，创建者最多只能找3个"帮手"。

（3）群员

除了群主和群管理员之外，微信群内的其他群员都属于普通群员，每个人拥有相同的地位和权限。

2. 如何创建微信群

1）直接拉群

STEP 1 点击微信主页面右上角的"＋"，选择"发起群聊"选项，如图2-7所示。

STEP 2 选择好友"打钩"拉入该群，点击"完成"按钮，完成建群过程。点击右上角的"…"可以进行管理操作，如图2-8所示。

2）面对面建群

面对面建群是一个简单便捷的线下建群方式，具体步骤如下。

STEP 1 打开微信，点击微信主页面右上角的"＋"，选择"发起群聊"选项，如图2-9所示。

STEP 2 点击其中的"面对面建群"选项，如图2-10所示。

STEP 3 在图2-11的界面输入密码，设定任意的四位数密码即可建群。最后，微信会提示建群成功，并且创建者会优先进入社群，然后周围的用户直接输入密码就进去了。

图 2-7 发起群聊

图 2-8 建群完成

图 2-9 微信界面

图 2-10 选择"面对面建群"选项

3. 社群功能

1) 群公告

群公告是一项社群通知服务。只有群主或群管理员才能发布,发布后每一位群员都会收到消息通知提醒。

图 2-11　输入密码

2）群通话

群通话是一个群体语音服务,微信群内可以实现多人在线视频或音频通话,方便多人一起讨论问题或聊天。

3）位置共享

位置共享是微信的一个生活类功能,打开它就可以实时共享用户的位置给所有微信群成员。分享位置有两种：一种是直接发送位置,其他微信群成员可以看到共享者想展示的位置；另一种就是共享实时位置,位置共享可以实时分享共享者的位置,如果同时有别的群员加入共享,则共享者可以互相实时了解到对方的位置,如图 2-12 所示。

图 2-12　微信位置共享功能

4）群红包

微信群红包的本质是通过微信钱包进行的转账交易。微信群红包分为两种（拼手气红包和普通红包），二者有着如下差异。

（1）红包接收对象不同

拼手气红包：用户需要提前设定好红包总金额及该红包决定派发的个数，再发送到相应微信群。

普通红包：一对一发送或一对多发送红包，输入一定的金额后，可在备注中标明发给指定的人。

（2）单个红包金额不同

拼手气红包：每个红包金额都是系统随机生成，每个人抢到的红包金额不同，同时可以显示最佳手气。

普通红包：一对一发送时，发出去多少金额，收到的红包就是对应金额；一对多发送时，领取者每个人收到的红包金额是相同的。

5）群名片

群名片本质上是一个链接。微信群可以自行生成群名片，用于发给其他微信好友或微信群。

6）群二维码

群二维码的形式是一张图片。微信群可以自行生成群二维码，可以发至其他微信好友或微信群，用于邀请新群员。一个二维码的有效期为 7 天。

2.2 QQ 群

在微信、微博诞生前，QQ 群是最主流的私域（即私人生活领域）社群平台。现在社群平台越来越多，QQ 用户量也有所降低，QQ 群受到了前所未有的挑战。本节将从 QQ、QQ 群两个角度来解析 QQ 社群。

2.2.1 QQ 介绍

QQ 是腾讯 QQ 的简称，是腾讯公司开发的一款基于 Internet 的即时通信（IM）软件。目前 QQ 已经覆盖 Microsoft Windows、OS X、Android、iOS、Windows Phone 等多种主流平台。其标志是一只戴着红色围巾的小企鹅。

1. 发展历史

作为一个"历史悠久"的社交应用，早期 QQ 持续推出了大量的新功能，但是在近几年功能更新频率下降，更多的是进行产品调整和用户维系，详情可以通过如下时间轴获知。

1999 年，腾讯公司针对火热的互联网沟通推出了第一款点对点、一对多的聊天软件。这款软件叫作 OICQ，意为 opening I seek you。软件推出后，因为软件名称原因，腾讯公司被告侵权。在 2000 年，OICQ 正式更名为 QQ。随着软件的开发，QQ 依次推出了视频聊天、QQ 群、QQ 秀等功能。视频聊天给用户带来了不同于文字聊天的全新体验，QQ 群给用户群聊带来了便利，QQ 秀让用户在网络世界中也能展示出自己的个性。这些功能在推出时都受到了极大好评。

2003年,QQ用户能够自己设置聊天场景、QQ炫铃等。软件中也加入了一些更便于办公的功能,如QQ小秘书、个人网络硬盘、捕捉屏幕、远程协助。

2005年,QQ宠物、QQ音乐、QQ主题包、QQ视频秀等功能的推出极大地丰富了用户的娱乐。同时,腾讯公司根据网络社交圈打造推出了Q-Zone(QQ空间)。2006年,Web 2.0风潮卷入,具有博客和Web 2.0形态的空间模式引入了"人的关系与行为",使得QQ从即时通讯发展到网络社区。

2007年,QQ新增会员发送离线文件、窗口抖动等功能。2008年,最高支持500个用户的QQ超级群面世。

2018年12月,QQ发布公告,称由于业务调整,Web QQ在2019年1月1日停止服务并提示用户下载QQ客户端。

2019年3月13日起,QQ号码可注销。

2. 用户属性

经过调查,可以在网络上找到如下的一些QQ用户分析。在没有官方数据的情况下,它们可以作为辅助参考,帮助分析QQ用户属性。

图2-13是QQ用户人群的地区分布图。从中可以看出,广东、湖南、四川的用户最多,从而可以推测出南方用户占比更高。这里还需要结合各个省市的人口数量,基本可以得出东部和中部用户居多,西部和北部用户较少。

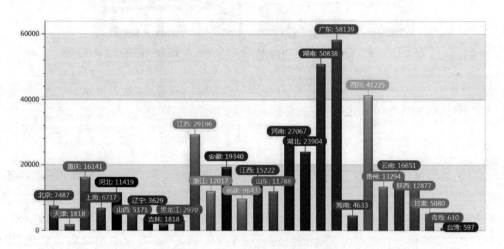

图2-13 QQ用户人群地区分布

图2-14是QQ用户年龄统计图,从中可以看出,用户群体年龄集中在85后。不过从腾讯发布的《2019年00后用户社交行为数据报告》中可以看出(如图2-15所示),95后用户的占比在持续上升,已经成为QQ活跃用户的重要组成部分。

综合各类数据和报告可以得出:

- QQ现在的主要用户群体集中于东部和中部,活跃用户以90后为主,含有大量的95后和00后。

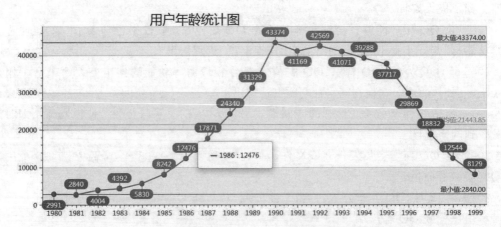

图 2-14　QQ 用户年龄统计

图 2-15　腾讯 QQ 发布的《2019 年 00 后用户社交行为数据报告》截图

- QQ 用户普遍追求个性化，有更强的倾诉、娱乐需求，兴趣爱好较多地集中于动漫、明星、游戏等线上娱乐领域。

3. 平台优势

QQ 是互联网不断渗透后出现的即时通信产品。它曾经是国内最大的社交平台，不过近年来被微信超越。

图 2-16 是历年 QQ 月活情况的变化，从图中可以看出 2016—2017 年有明显下跌，在 2018 年之后开始回升。主要是 QQ 把定位转向了年轻人，产品定位更加偏向年轻化、娱乐化，用 QQ 负责人梁柱的话来说就是"QQ 更像垂直的类似于 7-11 的便利店"。

QQ 战略性地选择了年轻人——他们更容易接受新事物，也代表着未来。为此，QQ 引入了兴趣部落、看点、直播、动漫、音乐等内容，就是为了让年轻人花更多时间在 QQ 上。所以由此可以看出，QQ 平台的优势就在于年轻用户基数大、功能多、运营的形式更加多样化。

2.2.2　QQ 群介绍

QQ 群是腾讯公司推出的多人聊天交流的一个公众平台。群主在创建群以后，可以邀

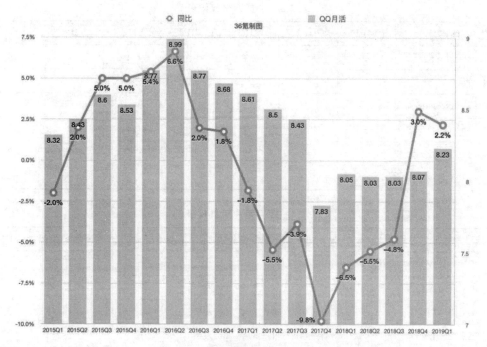

图 2-16　QQ 月活数据（来自腾讯财报）

请朋友或有共同兴趣爱好的人到一个群里面聊天。在群内除了聊天，腾讯还提供了群空间服务。在群空间中，用户可以使用群 BBS、相册、共享文件、群视频等方式进行交流。

1. QQ 群人员结构

1）人数限制

QQ 群人数是按照建群者的等级来区分的，如表 2-2～表 2-4 所示。

表 2-2　超级会员建群权限表

QQ 群		SVIP1	SVIP2	SVIP3	SVIP4	SVIP5	SVIP6	SVIP7	SVIP8	SVIP9
普通	500 人群	额外 4 个	额外 4 个	额外 4 个	额外 4 个	额外 4 个	额外 4 个	额外 4 个	额外 8 个	额外 8 个
	1000 人群	无	无	无	无	无	1 个	2 个	3 个	4 个
	2000 人群	无	无	无	无	无	无	无	1 个	3 个
	消息记录漫游	30 天	40 天	50 天	60 天	70 天	80 天	90 天	100 天	100 天
年费	500 人群	额外 4 个	额外 4 个	额外 4 个	额外 4 个	额外 4 个	额外 4 个	额外 4 个	额外 8 个	额外 8 个
	1000 人群	1 个	1 个	1 个	1 个	1 个	2 个	3 个	4 个	5 个
	2000 人群	1 个	1 个	1 个	1 个	1 个	2 个	2 个	3 个	5 个
	消息记录漫游	30 天	40 天	50 天	60 天	70 天	80 天	90 天	100 天	100 天

表 2-3 会员建群权限表

QQ 群		VIP1	VIP2	VIP3	VIP4	VIP5	VIP6	VIP7
普通	500 人群	4 个	4 个	4 个	4 个	4 个	4 个	4 个
	1000 人群	无	无	无	无	无	1 个	2 个
	消息记录漫游	30 天	40 天	50 天	60 天	70 天	80 天	90 天
年费	500 人群	4 个	4 个	4 个	4 个	4 个	4 个	4 个
	1000 人群	1 个	1 个	1 个	1 个	1 个	2 个	3 个
	消息记录漫游	30 天	40 天	50 天	60 天	70 天	80 天	90 天

表 2-4 普通用户建群权限表

普通用户 QQ 等级	创建群数量	消息记录漫游
LV0~LV3	5 个 200 人群	15 天
LV4~LV15	5 个 200 人群 + 1 个 500 人群	15 天
LV16~LV31	5 个 200 人群 + 2 个 500 人群	15 天
LV32~LV47	5 个 200 人群 + 3 个 500 人群	15 天
LV48 及以上	5 个 200 人群 + 4 个 500 人群	15 天

另外,也可以通过付费使 QQ 群人数上限增加,包括以下两种。

(1) 付费购买 2000 人群

QQ 可以通过付费获得 2000 人群,仅限超级会员用户,资费为每个群须付费 198 元/年,数量为最多创建 15 个付费 2000 人群。

(2) 付费购买 3000 人群

3000 人群只有年费超级会员才能付费购买,资费为每个群须付费 398 元/年,数量为最多创建 3 个 3000 人群。

2) 人员结构

QQ 群的人员权限结构分为群主、群管理员、群员三个级别,如图 2-17 所示。

(1) 群主

QQ 群主一般是 QQ 群的创建者,拥有添加/删除群成员、修改群资料、删除上传到群共享的文件、删除相册/相片、设置/删除群管理员、解散/转让 QQ 群、开启/关闭群视频秀的功能、设置允许游客访问和发言、将群设置为只能通过群号码找到这个群、设置允许非群成员在资料卡上查看最近群相册和共享的功能等权限。

图 2-17 QQ 群人员结构

(2) 群管理员

群管理员由群主任命,拥有添加/删除群成员、修改群资料、删除上传到群共享的文件、删除相册/相片等权限。

QQ 群的管理员人数限制如表 2-5 所示。

表 2-5 QQ 群管理员人数

QQ 群类型	管理员人数	QQ 群类型	管理员人数
200 人群	5 人	1000 人群	10 人
500 人群	10 人	2000 人群	15 人

（3）群员

除了群主与群管理员，其余用户都为群员。任何群员都拥有发表信息和上传照片的权限。

此外，QQ 群还有成员等级这一人员结构模式。QQ 群成员等级的作用是直观表现出 QQ 群成员在群里的活跃度，并且可以提高 QQ 群成员在群里的积极性。图 2-18 为 QQ 群成员等级类型。

图 2-18 QQ 群成员等级类型

2. 如何创建 QQ 群

1) PC 客户端创建方法（9.1.3 PC 版）

STEP 1　登录 QQ 客户端，进入"联系人"界面，如图 2-19 所示。

STEP 2　点击"＋"，选择"创建群聊"选项，如图 2-20 所示。

STEP 3　选择"按分类创建"或"选人创建"选项，后续根据页面提示完成创建即可，如图 2-21 所示。

2) 移动端创建方法（8.0.0 版）

STEP 1　登录 QQ 客户端，进入"消息"界面，如图 2-22 所示。

STEP 2　点击右上角的"＋"，选择"创建群聊"选项，如图 2-23 所示。

STEP 3　选择"按分类创建"或"选人创建"选项，后续根据页面提示完成创建即可，如图 2-24 所示。

图 2-19 "联系人"界面

图 2-20 选择"创建群聊"选项

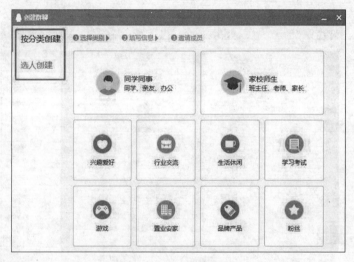

图 2-21 "创建群聊"页面

图 2-22 "消息"页面

图 2-23 选择"创建群聊"选项

图 2-24 "创建群聊"页面

3. QQ 群主要功能

QQ 群的功能可以说是极其丰富的,下面将介绍 QQ 群的主要功能。

1) 群公告

群公告是指一项社群通知服务。打开 QQ 群,最上面一排有公告栏,可以看到群里的一些公共消息。群主或管理员有权发布公告,让群里的成员看到公告消息,如图 2-25 所示。

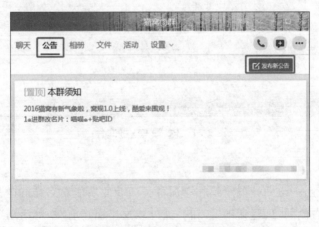

图 2-25　PC 端 QQ 群公告

2) 群相册

群相册是一个图片的合集。群相册功能位于群公告的右侧。点击群相册,有上传群相册等选项,QQ 群的任何成员都可以自行上传或下载图片,如图 2-26 所示。

图 2-26　PC 端 QQ 群相册

3）群文件

群文件是各类文件的合集。在群相册的右侧还有"文件"选项。点击进入文件，可以看到群文件功能。QQ 群成员可以将自己希望与大家分享的文件上传到里面。同时，在里面还可以找到其他人发的一些文件并下载，如图 2-27 所示。

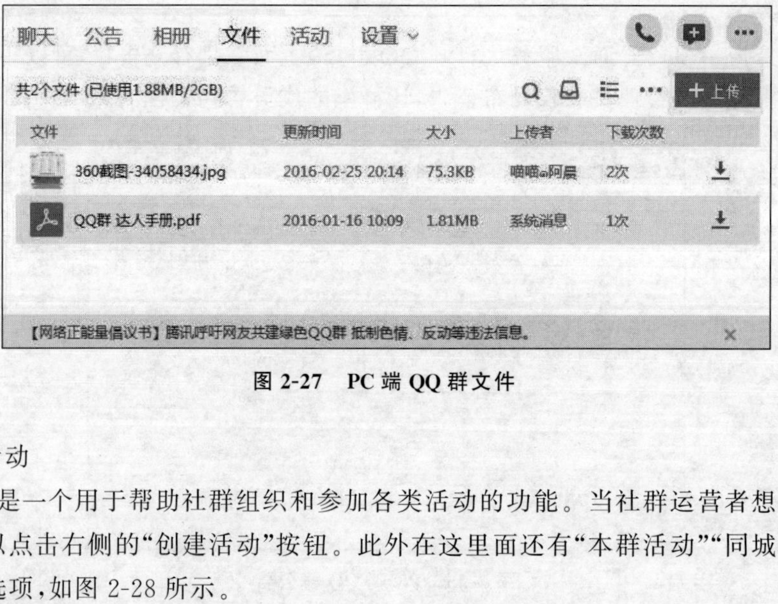

图 2-27　PC 端 QQ 群文件

4）群活动

群活动是一个用于帮助社群组织和参加各类活动的功能。当社群运营者想要创建活动的时候，可以点击右侧的"创建活动"按钮。此外在这里面还有"本群活动""同城活动""个人中心"三个选项，如图 2-28 所示。

5）群电话

QQ 群电话是一个在社群内即时通话的功能，包括 QQ 电话、视频电话、分享屏幕、演示白板四个栏目，主要应用场景为会务、培训、交流等活动，如图 2-29 所示。

6）群视频

QQ 群视频不同于 QQ 群视频聊天，是一个独立的影视功能。点击摄像机按钮（如

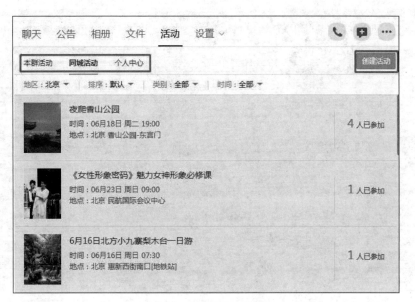

图 2-28 PC 端 QQ 群活动

图 2-29 QQ 群电话

图 2-30 所示)进入后,可以选择进入或创建直播间,如图 2-31 所示。

图 2-30 QQ 群视频按钮

7) 群日历

群日历主要用于显示和提醒群员生日,另外群投票、群活动的提醒也可在群日历中查看,如图 2-32 所示。

8) QQ 群应用中心广场页面

QQ 群应用中心广场页面内是 QQ 群的各种内置应用程序,如图 2-33 所示。

图 2-31　QQ 群视频界面

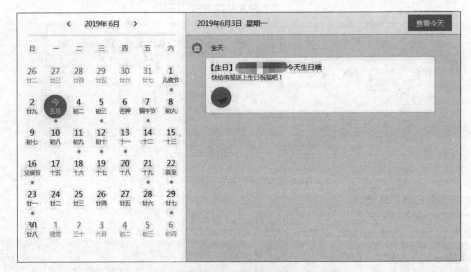

图 2-32　QQ 群日历

图 2-33　QQ 群应用中心广场页面

2.3 微博群

微博作为一个自2009年兴起后就一直占据极大市场份额的社交媒体平台,也有自己专属的社群功能和配套服务。本节将从微博、微博群两个角度来解析微博社群。

2.3.1 微博介绍

微博是基于用户关系的社交媒体平台,用户可以通过 PC、手机等多种移动终端接入,以文字、图片、视频等多媒体形式,实现信息的即时分享、传播互动。微博基于公开平台架构,提供简单、前所未有的方式使用户能够公开实时发表内容,通过裂变式传播,让用户与他人互动并与世界紧密相连。国内的微博产业发展至今,新浪微博已经占据了绝大多数市场份额,甚至很多时候大众口中的微博就是特指新浪微博,下文中的微博也同样特指新浪微博。下面将从发展历史、用户属性、平台优势三个角度来介绍微博这一平台。

1. 发展历史

微博从诞生之初,定位就一直是社交媒体平台,具有极佳的信息传播速度和广度。社会上很多热点事件都是在微博上被爆出并持续发酵的。有关微博的详细信息可以通过如下时间轴获知。

2009年8月14日,新浪微博开始内测。新浪微博是一款为大众提供娱乐休闲生活服务的信息分享和交流平台。2009年11月3日,Sina App Engine Alpha 版上线,可通过API用第三方软件或插件发布信息。

2010年11月5日,新浪微博群组功能产品"新浪微群"开始内测。微群产品具备了通讯与媒体传播的双重功能,被视为网页版的"QQ 群"。

2013年10月29日,以用户主动订阅为基础的微博"粉丝服务平台"正式上线,所有认证用户均可申请使用。粉丝服务平台帮助认证用户为主动订阅他的粉丝提供精彩内容和互动服务,被视为推动微博由"营销"平台向"营销+服务"平台转型的重要产品。与此同时,粉丝服务平台宣布推出开发者模式,对第三方开发者全面开放。

2014年3月17日晚9点半,微博正式登陆纳斯达克,新浪 CEO、新浪微博董事长曹国伟等敲响纳斯达克开市钟。2014年8月,微公益团队上线"冰桶挑战"中国项目并开通捐赠平台通道,带动众多名人参与。

2016年11月,微博取消了发布器的140字限制。此次开放限制后,包括普通用户在内的所有用户均可以发布多达2000字的长微博。

2017年5月16日,微博2017年第一季度财报显示,微博一季度月活跃用户增长了2700万达3.4亿,超过同季度 Twitter 的水平。

图2-34所示是微博2018年底活跃用户数量。

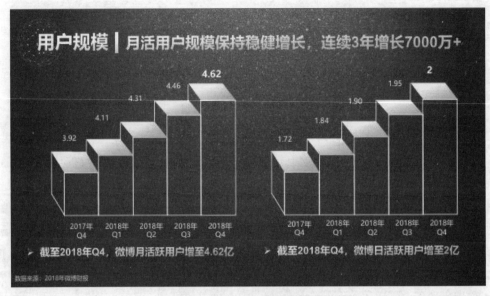

图 2-34 2018 年 Q4 微博用户规模

2. 用户属性

相较于微信和 QQ，微博用户的特征更加鲜明，从以下数据中可以窥视一二。

从图 2-35 中可以看出，在微博的用户中，男性稍多于女性，年龄在 22～30 岁之间的用户最多。

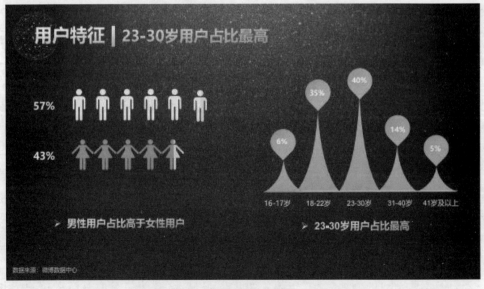

图 2-35 2018 年微博用户特征——性别年龄

从图 2-36 中可以看出，微博用户在国内人口中的分布，其在一二线城市更为密集；另外四线城市的用户持续增加，侧面映衬出微博越来越平民化。

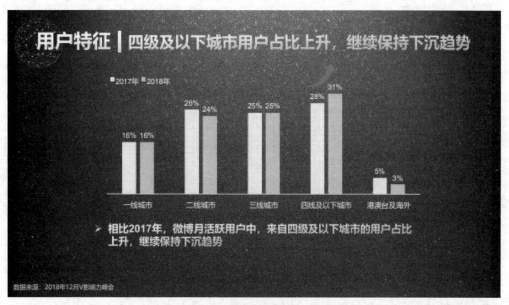

图 2-36　2018 年微博用户特征——城市分布

从图 2-37 中可以看出，微博用户的主要兴趣集中在娱乐、搞笑、资讯三大板块。

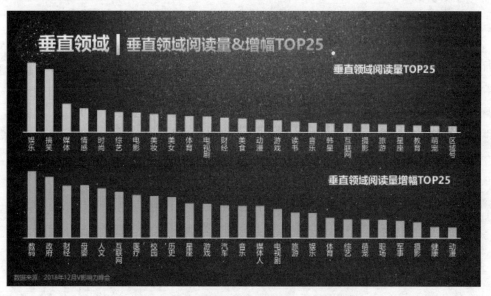

图 2-37　2018 年微博用户特征——兴趣分布

综合以上信息并结合各类说明和观点，可以得出一些结论。
- 微博用户覆盖面很广，核心用户集中于 18～30 岁的年轻人。
- 大多数用户使用微博是出于休闲娱乐的目的。
- 微博生态以众多大 V 为核心，用户集中于大 V 们的周围，处于游离状态的用户数量不多。

3. 平台优势

微博的优势主要集中在以下几点：
- 微博的发布信息便捷并且传播速度快。
- 微博可以通过粉丝转发的形式进行病毒式传播，影响面较广。
- 微博互动性强，能与粉丝即时沟通。
- 微博吸粉能力强大，增粉速度快。
- 微博的运营成本较低。
- 名人效应能够使事件的传播速度呈几何级递增。
- 微博能使企业形象拟人化。
- 通过微博可与粉丝用户建立起超越买卖关系的情感。

2.3.2 微博群介绍

微博群（简称"微群"或"围裙"）是微博推出的社交类群组产品。微博群能够聚合有相同爱好或相同标签的朋友们，将所有与之相应的话题全部聚拢在群里面，让志趣相投的人以社群的形式更加方便地进行参与和交流。

1. 微博群分类

微博群分为公开群和私密群两种。

公开群对所有用户开放，用户可以直接查看群内帖子和成员名单。公开群的内容可以被搜索，并且可以被分享到微博。公开群可以设置为自由加入（新版微博群已取消）、问题验证和需要管理员审核加入。公开群适用于以下情况：职场行业交流、公司客户服务、爱好兴趣群、同城交友群、内容传达普及群、同学同事同小区群等。

私密群内的信息只有该微博群成员可见；私密群有群聊功能；私密群内的内容不可被搜索，也不可被分享到微博；加入私密群必须由群主或管理员审核通过。私密群适用于以下情况：小圈子内部沟通、公司同事交流、隐私话题讨论、老友闲聊絮叨等。

目前不支持公开群转为私密群，私密群可以通过申请转为公开群。

2. 微博群人员结构

1）人数限制

如图 2-38 所示，不同微博等级拥有不同微博群人数权限，从 200 人至 1000 人不等。另外微博还有群扩容功能，只有公开群支持扩容操作，仅当群右侧出现橙色"申请扩容"按钮时方可扩容。每个微博群最多可以扩容到 10 万人。

2）人员结构

微博群的管理人员结构由群主、群管理员、群员组成，如图 2-39 所示。

（1）群主

任何一位微博用户只要满足以下条件，即可创建 1 个公开微博群和 3 个私密群：
建公开群群条件：

等级	VIP1	VIP2	VIP3	VIP4	VIP5	VIP6	VIP7
普通会员	群规模：200人 群管理：5人 粉丝理：5个	群规模：200人 群管理：5人 粉丝理：5个	群规模：500人 群管理：10人 粉丝理：5个	群规模：500人 群管理：10人 粉丝理：5个	群规模：500人 群管理：10人 粉丝理：5个	群规模：1000人 群管理：10人 粉丝理：5个	群规模：1000人 群管理：10人 粉丝理：5个
年费会员	群规模：1000人 群管理：10人 粉丝理：10个	群规模：1000人 群管理：10人 粉丝理：10个	群规模：1000人 群管理：10人 粉丝理：10个	群规模：1000人 群管理：10人 粉丝理：10个	群规模：1000人 群管理：10人 粉丝理：10个	群规模：1000人 群管理：10人 粉丝理：10个	群规模：1000人 群管理：10人 粉丝理：10个

图 2-38　微博群人数限制

① 账号有用户头像；
② 微博粉丝达到 100 人；
③ 绑定手机。
建私密群群条件：
① 账号有用户头像；
② 发过 10 条微博；
③ 绑定手机。

图 2-39　微博群的管理人员结构

（2）群管理员
不同规模的群有不同的管理员人数限制。群主可以直接在群管理页面中任免管理员。

多学一招：微博群人员管理

当你是一个微博群的群主或管理员时，可以对该微博群进行成员管理。
如图 2-40 和图 2-41 所示，点击"成员管理"选项，或点击群页面内右上方成员数，又或点击"查看全部成员"按钮查看该微博群成员列表并进行相应的操作。

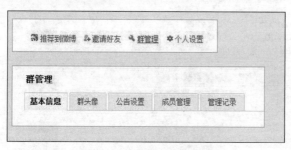

图 2-40　微博群管理页面截图

在如图 2-41 所示的成员列表页面，点击后面的"选择操作"按钮时，可供选择的选项有：升为管理员/免去管理员/辞去管理员、踢出该群、加入黑名单。
对于普通用户可以勾选进行批量处理。

（3）群员
除了群主和群管理员之外，微博群内的其他群员都属于普通群员，每个人拥有相同的地位和权限。

图 2-41 微博群成员列表页面截图

3. 如何查找和创建微博群

1)查找感兴趣的微博群

(1)搜索群号。

可以通过页面左上方的搜索框搜索群号、群名称找到感兴趣的微博群,选择加入,如图 2-42 所示。

(2)发现微博群

可以通过导航"发现微博群",由系统推荐一些有意思的微博群;也可以按照分类信息进行浏览检索,找到感兴趣的微博群,选择加入,如图 2-43 所示。

图 2-42 微博群页面左上方的搜索框

图 2-43 发现微博群页面推荐的一些有意思的微博群

(3) 右侧微博群排行榜

在大多数页面的右侧,有按照活跃度、好友或爱好推荐给用户的微博群,如图 2-44 所示。

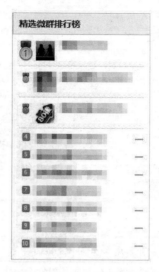

图 2-44　微博群精选排行榜

2) 如何创建微博群

STEP 1　注册一个新浪微博账号。

STEP 2　登录账号。进入首页后点击设置按钮(如图 2-45 所示)。

图 2-45　微博首页

STEP 3　点击界面中左侧的群信息图标(如图 2-46 所示)。

STEP 4　点击弹出的群界面的右侧的"新建群"按钮(如图 2-47 所示)。

STEP 5　在弹出的新界面中设置群名称并添加群成员,建群完成(如图 2-48 所示)。

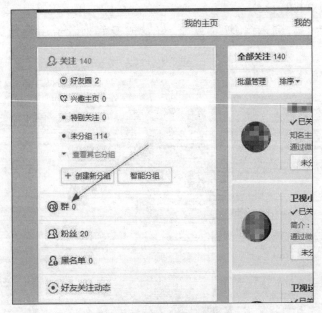

图 2-46 微博个人页面截图

图 2-47 "新建群"按钮

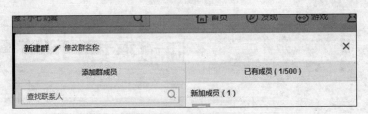

图 2-48 微博群界面

4．社群功能

1）邀请好友

在任何微博群的页面内都可以找到一个邀请好友入群的链接入口，如图 2-49 所示。

图 2-49　邀请好友入群

邀请好友入群有三种邀请方式：第一种是邀请粉丝功能；第二种是通过复制邀请链接发送给好友的方式；第三种是导入 MSN 联系人发送邮件的邀请方式，如图 2-50 所示。

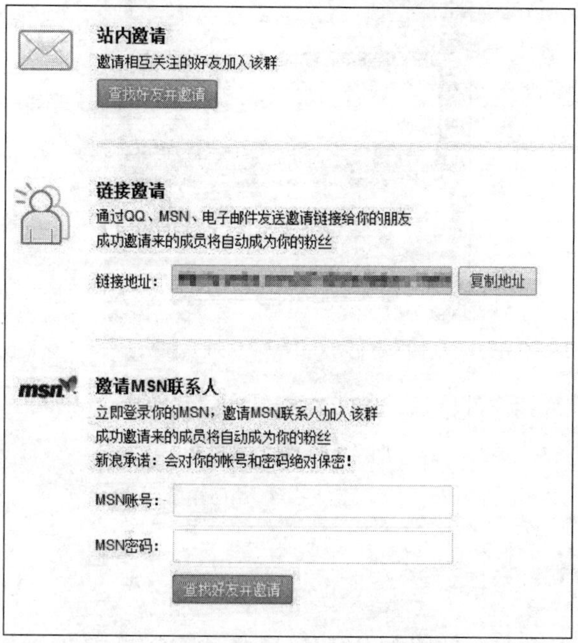

图 2-50　邀请好友入群的三种邀请方式

2）群等级

在新版的微博中，不再按照等级限制加群人数，当成员达到 10 000 人时也可申请扩容，一次可以获得 10 000 人的扩容容量。另外对所有用户的微博群采取了加分操作，为用户补上原有积分距新版体系中本级分数的差额，使其得以在新体系中保留原等级，以享受同样的管理员数量特权。

旧等级体系中 2 级所需分数为 2500 分，3 级所需分数为 5000 分；新版等级体系中 2 级所需分数为 15 000 分，3 级所需分数为 60 000 分。

3）群微博

群微博实现类似 Facebook 的群组功能，一个群组可以是一个封闭的小圈子，用户可以在里面发言，外部无法看到。和 QQ 群一样，加入群组需要审核，管理员可以删除用户，这样就可以实现团队微博或企业微博的部分功能。

4）群红包

微博群红包的功能和 QQ 群红包、微信群红包差不多，如图 2-51 所示。

图 2-51 微博群红包

2.4 本章小结

本章主要讲解了社群平台的相关内容,包括微信、QQ、微博 3 个主流社群平台。

通过本章的学习,读者应该了解不同社群的历史、用户属性及平台优势,并且掌握不同平台社群的人员结构、建群方法和功能。

第 3 章
基础运营

【学习目标】

知识目标	➢ 了解建立社群的流程 ➢ 了解如何进行社群的常规运营
技能目标	➢ 掌握社群搭建方法,能够搭建社群 ➢ 掌握社群运营的方法

思政案例

【案例引导】

社群运营策划

确定好平台后,小熊的社群总算要正式步入运营环节,这时候问题又来了:第一次该拉多少人?群规怎么定?该怎么做好群内的互动?小熊在这些问题面前犯了难。思来想去后,小熊决定先确定好自己社群的定位、目标,并且去调查同行的社群是怎么做的,之后再确定自己社群的运营方针。

首先,小熊先拆解分析了自己的建群要素。表 3-1 为小熊针对自己的情况做的要素关键词自检表。

表 3-1 要素关键词自检表

圈层	目的	优势	劣势	资源
学生	转化变现	硬笔书法实力	时间不足	商品货源
	认识朋友	无成本代理	经验不足	
	打造 IP		资金不足	

通过该要素关键词自检图,小熊总结了 3 点建群计划:
- 主体用户是对钢笔字有兴趣的学生群体;
- 需要先完善社群模式才能开始卖货;
- 尽量要降低运营成本。

然后针对这三点,小熊准备通过比对竞品运营模式来思考自己该怎么做运营策划。

通过微博搜索、公众号搜索、朋友圈询问等渠道,小熊加入了 4 个硬笔书法的社群,发现它们各有各的玩法,有培训群、有交流群、有大神粉丝群……表 3-2 为小熊做的简版竞品分析表。

表 3-2 竞品分析表

群 名	模 式	内 容	优 势	劣 势
黄老师写字群	在线课程	每周三、六上课	直接变现	活跃度差
硬笔书法交流12群	纯聊天	内容杂乱	人数多活跃度高	内容质量低
雨神粉丝1群	粉丝互动	视频讨论＋聊天	用户黏性高	内容质量低
一起来写字	互相监督	每天发作品,忘了的发红包	规范性强	人数少

通过竞品分析,小熊最后决定采用类似"一起来写字"社群的模式,通过提升群质量来提升转化率,从而降低运营成本。

【案例思考】

搭建社群不能急于求成,需要充分做好前期的准备工作。通过SWOT分析、图表分析、数据爬虫等方法做好自身优缺点和竞品的分析,构思好运营社群的策划,再着手开始运营。

运营社群不是简单地推送消息聊天或打广告就行,背后存在一套复杂的运营方法,如进行社群定位、设置阶段、完成社群常规运营、组织社群活动等。本章将对社群运营方法进行详细讲解。

3.1 社群定位

定位是一个社群发展的指挥棒,也是社群建立的第一步。大家有没有遇到过这样一个问题:每个运营步骤都做得很到位,但群内的用户就是不领情。其实最主要的原因是社群定位存在问题,社群的定位和用户根本不在一个频道上。甚至有些社群的定位属于自嗨型,用主观推测代替了缜密分析,自以为是地发展社群。

社群定位是确定社群在目标市场上所处的位置,一般通过3种手段来分析,明确社群目的、竞品分析和制作用户画像,本节将进行详细讲解。

3.1.1 社群目的

社群定位的一大核心就是明确社群目的,只有明确了目的才能继续策划如何去运营社群。社群目的就是指为什么要建立这个社群,通过这个社群想获得什么。每一个社群的建立都包含了卖货、提供服务、人脉、兴趣、资源交换,提升影响力等中的一个或多个目的,这是社群最基础的出发点。

1. 卖货

卖货即销售产品,也就是基于经济目标构建的社群让用户通过社群购买产品。这里的产品不只是实体商品,也包含虚拟商品,例如课程、会员、电子书等。前几年比较常见的微商群就是最典型的以卖货为目的的社群,通过批量加好友,然后拉群,再推荐商品,最终达到把货卖出去的目的。另外也有很多粉丝群、种草群、行业群也存在卖货的目的。图3-1是一个微商群的截图。

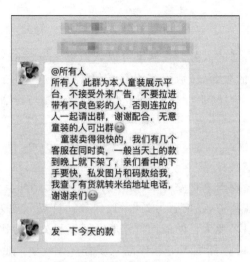

图 3-1 微商群

2. 提供服务

提供服务即为用户提供产品使用帮助、提供产品功能体验、对用户进行售后咨询等服务。常见的形式有产品售后群、粉丝群、课程群、会员群等。图 3-2 中左边为课程群，即购买课程后组建起的学员班级群，主要为了通知消息、交流互动、提高用户体验；右边为售后群，即购买产品后进入的客服沟通群，主要为了收集反馈、解决问题、提高用户满意度。

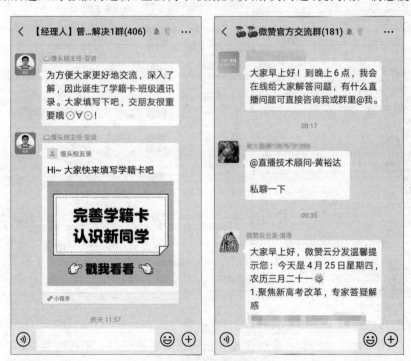

图 3-2 课程群（左）和售后群（右）

3. 人脉

通过社群可以丰富自己的人脉。在群里可以认识更多资深的大咖,通过和这些人的交往和交流,可以学到更多的东西,获取更多的资讯和资源。这里面包括了行业群、产业交流群、协会群等形式。图 3-3 为创业行业群,可帮助创业者快速了解最新资讯,搭建沟通交流平台。

4. 兴趣

以兴趣为目的的群是指因某种爱好、喜好或喜欢的事物而组织起来的社群。这一类社群大多数没有商业行为在其中,以情感为凝聚力,部分社群以兴趣为基础,小规模或者变相进行销售产品而获利。以兴趣为目的的社群一般活跃度和凝聚力比较高,形式也最为多样,衍生出了日更群(群员互相监督每天更新作品)、工作小组(为了某个目标而在线上协同工作,如粉丝应援策划)等社群形式。常见的兴趣类社群包括爱好群、粉丝群、交流群等形式。图 3-4 是一个针对某连续剧组建的兴趣群。

图 3-3　创业行业群

图 3-4　兴趣群

5. 资源交换

资源交换有点近似于以物易物的形式,群内每个人各标注出自己拥有什么资源、需要什么资源,然后找互相能匹配的人,最终实现互相满足需求的宗旨。资源包括资料、知识、实体物品、渠道、互推(互相帮助对方推广)等内容。图 3-5 是两种不同类型的资源互换社群内的真实聊天记录。

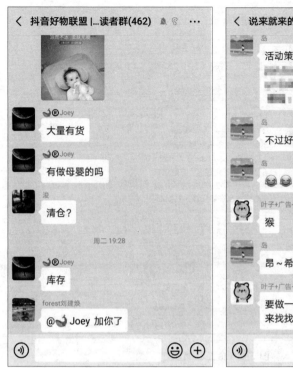

图 3-5 资源互换群

6. 影响力提升

这指的是通过扩大社群的人数提升产品和品牌知名度,为企业积累核心用户,进而扩大影响力的社群目的类型,可帮助提升企业价值。这一目的的社群主要是由企业或机构发起,一般都结合了服务、电商等目的。图 3-6 是一个创业孵化器组建的交流群,通过推送内容、组织活动、邀请分享等形式,传播企业自己的品牌,扩大自己的影响力。

3.1.2 竞品分析

竞品是指竞争对手的产品,竞品分析是对竞争对手的产品进行比较分析。竞品分析的内容可以由两方面构成:客观和主观。客观即从竞争对手或市场相关产品中圈定一些需要考察的角度,得出真实的情况。主观是把客观的信息进行分析,判断其优缺点,从而分析出自己的策略。社群的竞品分析主要分为 3 个部分,确定竞品、调查竞品、分析竞品。

1. 确定竞品

做竞品分析的第一步是找到合适的竞品,那么哪些是合适的竞品呢?一般情况下,我们会选择以下两种竞品来作对比分析。
- 相似竞品:与自身的实力、影响力、类型、环境等因素相似的社群。
- 顶级竞品:在同行业内做得最好或知名度最大的社群。

这两类竞品能有效帮助运营者确定定位和运营方法。在实际应用中,我们可以通过以

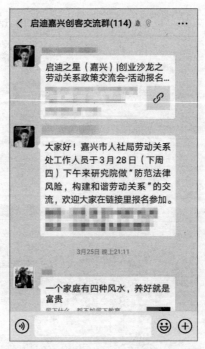

图 3-6 企业品宣群

下步骤来确定这两类竞品。

第一步是确定目标行业提取关键词,例如教育行业的"K12""汉语";电商行业的"淘宝""物流"。要保证关键词之间互不重复,充分覆盖目标领域,数量为2~4个即可。

第二步是把关键词放到朋友圈、微博、抖音、公众号、百度等开放平台进行搜索,找到社群相关的个人或公众号。

第三步是进行沟通,想办法入群。这里需要尽可能加入对方全部的社群,以便于完整地了解对方的社群矩阵和社群模式。

了解了确定竞品的方法,下面通过一个案例帮助读者进一步理解如何通过关键词找到目标竞品群,如例3-1所示。

例3-1 如何通过关键词找到目标竞品群

小熊确定了要做硬笔书法类社群后,开始找寻竞品社群。首先他选定"硬笔书法""钢笔字""社群"三个关键词。然后通过朋友圈、微博、抖音、公众号、百度、贴吧这几个渠道进行搜索。

- 在微信中使用"搜一搜"功能进行搜索,选择所需要的来源,如图3-7所示。
- 在微博中通过关键词搜索,寻找有一定粉丝基数的用户(不仅限于大V),通过私信或评论的方式获取联系方式,最终达到加入社群的目的。
- 抖音搜索方法近似微博,也是通过搜索后加入私聊的形式来获取社群。
- 百度搜索的时候最好加上时间限定,以防出现过期信息,如图3-8所示。
- 贴吧以及论坛是比较早期的社群形态,可以作为备用搜索项。通过关键词搜索相应

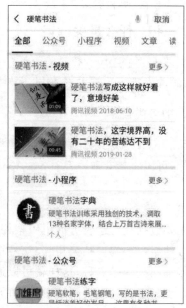

图 3-7 微信"搜一搜"界面

图 3-8 百度搜索界面

的贴吧,然后在"吧内搜索"中搜索"群",找到社群的帖子。

> **多学一招:什么是关键词**

关键词源于英文 keywords,特指单个媒体在制作使用索引时所用到的词汇。在互联网行业中,主要指能清晰限定范围的精准词,如"书法""本科""电商"。

2. 调查竞品的各类信息

找到了竞品后,下一步就是调查竞品的各类信息。通过研究社群的背景、基础信息、动作和用户满意度,可以直接获取竞品社群的整体运营模式,从中找出可以借鉴的方法和需要规避的问题。

1) 调查社群背景

社群背景主要包括社群运营方的组织架构、用户总数等。

社群运营方的组织架构包括公司、公众号矩阵、APP、网站等。其中,运营者可以向该社群的运营者直接询问公众号名称,这样就可以通过公众号认证信息查找到公司名称,接下来可以通过新榜等工具查询到该公司旗下完整的公众号矩阵规划。同样,也可以根据这种方法找到对应的 APP 和网站。并非每一个社群都有上述信息,运营者需要根据目标社群实际情况进行收集。

社群用户总数可以根据"用户总数=社群数×平均每个群人数"得出。其中社群数可以向管理员询问获知;平均每个群人数可以通过自行加入多个群,观察人数计算平均人数而得出。

2) 调查社群基础信息

社群基础信息包括社群管理结构、社群配套工具、用户属性、运营目的、核心优势等。

可以使用如下方法进行调查。

重点观察 10 个左右的群,看群内人员前几名是否有相同人员,从而推测出管理结构。同时观察是否有第三方工具或机器人辅助,这个可以直接向群管理员询问,了解社群内使用了哪些第三方的工具。获知后可以通过第三方服务的客服,深入了解功能及使用场景,从而判断自身是否需要使用。

然后可以结合所知的所有信息,综合判断该社群体系内的用户属性、运营目的、核心优势。这类信息没有标准的答案,都是基于经验和分析获知,比较依赖主观判断。分析前一定要通过网络查询、请教业内人士、主动询问等渠道积累起足够的直接经验和间接经验,这样才能分析出更加可靠的信息。

3) 调查社群动作

社群动作包括群内活动、发言规律、管理员言论、用户言论等。

可以使用如下方法进行调查。

在社群内观察一个月左右时间的运营动作,分析社群的活跃度,寻找其中的 KOL(意见领袖),统计发言人数和发言时间以及运营动作的频率。从而可以判断出这个社群的运营情况和管理情况。图 3-9 是一个教育类社群内的运营活动种类。

4) 调查社群用户满意度

添加群内用户为好友,通过调查问卷等形式,获取群内用户对该社群的感想、满意度和

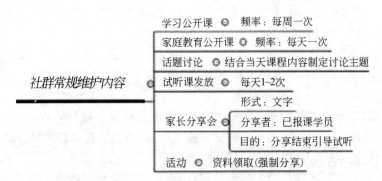

图 3-9　某教育类社群内的运营活动

反感点等信息。

3．分析竞品得出结论

获取足够的社群信息后，下一步就是对数据进行比对分析并得出结论。这里重点介绍两种竞品分析方法——KANO 模型和 SWOT 分析。

1）KANO 模型

KANO 模型是东京理工大学教授狩野纪昭（Noriaki Kano）发明的对用户需求进行分类和优先排序的有用工具，用于分析用户需求对用户满意度的影响，可以快速为竞品构建属性模型，便于整理和总结。

KANO 模型把用户满意度归纳为五类，如图 3-10 所示。

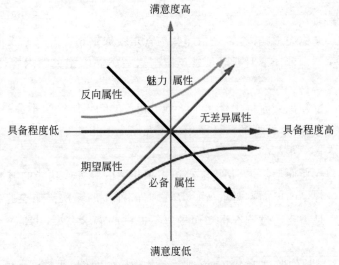

图 3-10　KANO 模型五种类别示意图

（1）基本型需求

基本型需求又称为必备型需求，是用户对服务方提供的产品或服务因素的基本要求，是用户认为产品必须有的服务或功能。当基本型需求的服务或功能无法满足用户需求时，用户满意度会下降；当其服务或功能可以满足用户需求时，用户满意度很可能还是没有提升。

对于用户来说，基本型需求是基础的、毋容置疑的、理所当然的。对于这类需求，运营者应该优先去满足它，哪怕并没有太好的用户反馈。

例如主播粉丝社群，基本型需求就是一定要发布关于主播直播、活动等内容，如果没有这些内容，这个社群就失去了存在的基础。

（2）期望型需求

期望型需求又称为意愿型需求，是指用户的满意度与服务或功能满足需求的程度成正比例的需求。其服务或功能满足用户需求的程度越高，用户满意度就越高；相反其服务或功能无法满足用户需求时，用户满意度会下降。

期望型需求是社群运营中的主体运营部分，也是保持社群活跃度和用户增速的关键性参数。经研究发现，在市场调研中，用户谈论的通常是期望型需求；在用户投诉中，大多数也是投诉期望型需求。

例如旅游类社群，期望值需求就是景点分享、旅游攻略、交通住宿等内容，在这些方面做得越好用户满意度越高，做得越差则用户满意度越低。

（3）魅力型需求

魅力型需求又称兴奋型需求，是指用户不会明确期望的需求。详细来说，魅力型需求是用户潜在的需求，并没有直接表达出来。如果不提供相应的服务或功能，用户的满意度不会降低；而如果提供了相应的服务或功能，用户的满意度会迅速上升。

例如课程类社群，平时的内容主要是以交流和学习知识为主，但是经过调查发现用户有潜在的求职需求，然后时不时发一些招聘求职信息，使得用户满意度得到大幅提高，这就是魅力型需求。

（4）无差异型需求

无差异型需求又称无影响需求，是指那些不管是否提供相应的服务或功能，都不会影响用户满意度的需求。运营社群时要尽量避免做与这一类需求相关的内容，以节约人力成本和时间成本。

例如在一个高数知识交流群中推送小学英语相关的知识则完全不会对用户满意度产生提升，因为小学英语和这个社群的属性及用户属性完全不相关。

（5）反向型需求

反向型需求又称逆向型需求，是指随着该需求相关的服务或功能的增加，用户满意度反而持续地下降。最常见的反向型需求就是劣质广告，推送的频次高了会直接导致社群沦为死群。反向型需求是需要通过调查得知而尽力不提供的需求类型，也是一个很容易被忽视的类型。

例3-2是一个完整的通过KANO模型做竞品分析的案例，通过该案例可以进一步理解KANO模型的使用方法。

例3-2　如何通过KANO模型做竞品分析

小熊通过各种手段找到了4个合适的硬笔书法竞品社群并加入其中。经过一个月的观察和研究，制作出表3-3～表3-6所示的4个KANO分析表。

表 3-3 "黄老师写字群"分析表

需 求 类 型	具体功能或服务
基本型需求	硬笔书法教学
期望型需求	硬笔书法知识、技巧、优秀作品展示
魅力型需求	硬笔书法相关产品推荐
无差异型需求	硬笔书法的发展历史
反向型需求	黄老师自己家零食店的广告

表 3-4 "硬笔书法交流 12 群"分析表

需 求 类 型	具体功能或服务
基本型需求	硬笔书法优秀作品展示
期望型需求	硬笔书法知识、技巧
魅力型需求	硬笔书法大咖分享知识
无差异型需求	每日话题
反向型需求	各类广告

表 3-5 "雨神粉丝 1 群"分析表

需 求 类 型	具体功能或服务
基本型需求	直播通知、视频更新通知
期望型需求	主播与粉丝的互动交流
魅力型需求	分享硬笔书法知识及技术
无差异型需求	粉丝之间的互动
反向型需求	其他主播的写字作品

表 3-6 "一起来写字"分析表

需 求 类 型	具体功能或服务
基本型需求	互相监督写字
期望型需求	优秀作品展示与点评
魅力型需求	硬笔书法知识、技巧
无差异型需求	硬笔书法的发展历史
反向型需求	各类广告

小熊把这四张表的内容进行简化、整理,得出图 3-11 所示的结构并各自进行排列对比。然后小熊得出以下结论:

- 知识和技巧属于刚需,是钢笔字社群中必须要有的要素。

- 产品推荐这一需求很贴合小熊的卖货需求。
- 为了社群的活跃度,广告是必须禁止的。

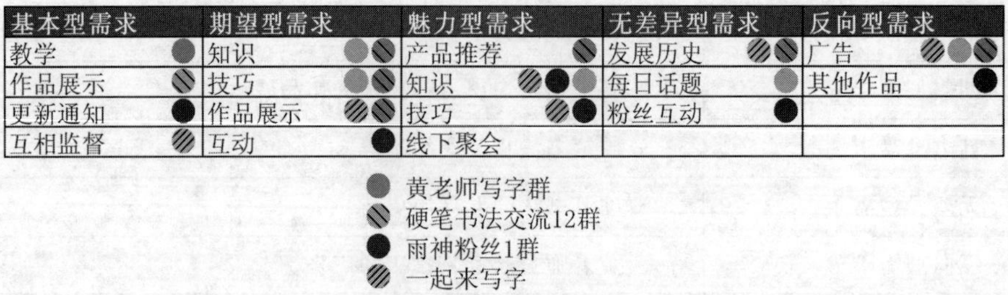

基本型需求	期望型需求	魅力型需求	无差异型需求	反向型需求
教学	知识	产品推荐	发展历史	广告
作品展示	技巧	知识	每日话题	其他作品
更新通知	作品展示	技巧	粉丝互动	
互相监督	互动	线下聚会		

◐ 黄老师写字群
◐ 硬笔书法交流12群
◐ 雨神粉丝1群
◐ 一起来写字

图 3-11 竞品分析图

图 3-11 上圆点多的区域就是需求集中点,也是行业内较大的竞争点,需要有足够的差异化竞争的实力才能去做这一类的需求;而圆点少的区域是机遇点或竞品差异化要点,需要衡量自己的综合实力后选择去做这一类的需求;另外还有没有圆点的,那是主观分析后觉得有机会的"机遇需求点"。这一类需求需要经过不断的测试,从而判断这是真的机遇还是一个伪需求。

在实际工作中,做 KANO 模型分析最好选择 5~7 个竞品,这样做出来的积木图特征才更加清晰,便于找出机遇和风险。

2) SWOT 分析

SWOT 分析即基于内外部竞争环境和竞争条件下的态势分析,就是将与研究对象密切相关的主要内部优势与劣势和外部机会与威胁等,通过调查列举出来并依照矩阵形式排列,然后用系统分析的思想,把各种因素相互匹配起来加以分析,从中得出一系列相应的结论,而结论通常带有一定的决策性。

运用 SWOT 分析,可以把竞品社群进行全面、系统的分解和研究,从而通过对比,明确自己即将要做的社群的定位。下面详细介绍一下 SWOT 分析中的四个要素。

(1) 优势(S)

优势是指社群运营方的内部有利因素,具体包括独到的差异化优势、充足的资金储备、较高的用户黏性、大量的用户基数、丰富的人脉资源等。

(2) 劣势(W)

劣势是指社群运营方的内部不利因素,具体包括资源不足、资金不足、人力不足、管理漏洞、结构不完善等。

(3) 机会(O)

机会是指社群之外的有利因素,具体包括新技术、新商业模式、市场需求扩大、竞争对手失误等。

(4) 威胁(T)

威胁是指社群之外的不利因素,具体包括新的竞争对手、同质化社群的增加、市场规模缩小、行业政策变化、经济衰退、突发事件等。

图 3-12 是常用的企业版 SWOT 分析模型图。

了解完 SWOT 分析的理论概念,下面重点介绍一下用 SWOT 分析做竞品分析的具体

图 3-12　SWOT 分析模型图

步骤。

第一步是先要对通过观察获得的竞品信息进行整理归类,制作出各个竞品独立的 SWOT 表格。

第二步是整理自己社群计划中的优劣势,做出自己社群的 SWOT 表格。

第三步是把竞品的优势作为自己社群的劣势,把竞品的劣势对比自己社群的优势,整合进自己社群的 SWOT 分析表中。

第四步是参考图 3-13 做出完整的应对策略和计划。

SWOT 综合分析	优势（S）	劣势（W）
机会（O）	(SO)扩张战略 发挥优势,抓住机会	(WO)防卫战略 利用机会,克服劣势
威胁（T）	(ST)分散战略 利用优势,回避威胁	(WT)退出战略

图 3-13　SWOT 分析模型图

下面通过例 3-3 来详细说明如何用 SWOT 分析图做竞品分析。

例 3-3　如何通过 SWOT 分析做竞品分析

做完 KANO 模型的竞品分析后，小熊为了提高精确度，准备再完成 SWOT 竞品分析。他首先做自己现状的 SWOT 图，如图 3-14 所示。

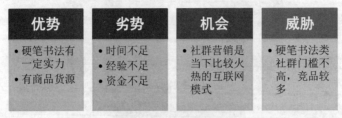

图 3-14　小熊自身现状的 SWOT 分析图

然后分别做了 4 家竞品的 SWOT 分析图，如图 3-15～图 3-18 所示。

优势	劣势	机会	威胁
• 硬笔书法功底扎实 • 自身就是书法老师，有一定用户基础	• 群员太杂 • 管理过于松散	• 通过用户口碑传播，持续有新用户加入	• 越来越多的老师在加入社群这个行业，并且模式更新

图 3-15　黄老师写字群的 SWOT 分析图

优势	劣势	机会	威胁
• 群内有众多实力派群员 • 社群活跃度高	• 没有核心管理人员来把控社群调性和发展方向 • 群员太杂	• 社群人员种类众多，有机会可以内部孵化出一些盈利性项目	• 社群门槛低导致入群人员较杂，降低了用户体验和内容质量

图 3-16　硬笔书法交流 12 群的 SWOT 分析图

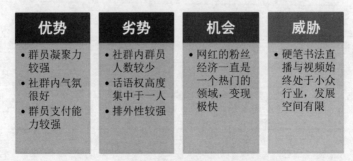

图 3-17　雨神粉丝 1 群的 SWOT 分析图

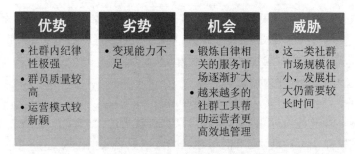

图 3-18　一起来写字群的 SWOT 分析图

做完以上 5 张 SWOT 分析图后,小熊通过对比分析,做出了如图 3-19 所示的应对策略。其中内部分析源自自身分析,外部分析结合竞品和自身分析,4 个战略则是通过观察对比竞品的运营方式获得。

内部分析 外部分析	优势S: 1. 硬笔书法有一定实力 2. 有商品货源	劣势W: 1. 时间不足 2. 经验不足 3. 资金不足
机遇O: 1. 社群营销较火 2. 网红的粉丝经济变现快 3. 锻炼自律有市场前景 4. 社群工具较多	SO战略: 1. 尽快做硬笔书法社群 2. 打造IP做小网红来变现 3. 做自律类的模式创新 4. 通过工具来优化模式	WO战略: 1. 使用运营工作量较小的模式 2. 增加测试运营阶段 3. 稳步发展不追求速度
威胁T: 1. 竞品较多 2. 市场规模有限 3. 用户良莠不齐	ST战略: 1. 把模式优势作为核心 2. 自身努力练习提高硬笔书法水平 3. 对用户新增进行把关	WT战略: 1. 不做热门的社群模式 2. 不做大规模的社群 3. 不把全部精力和成本投入进社群运营

图 3-19　SWOT 策略图

3.1.3　用户画像

在互联网逐渐进入大数据时代后,不可避免地给企业及用户行为带来一系列改变与重塑,其中最大的变化莫过于用户的一切行为在企业面前似乎都成了"可视化"的。用户的性别、年龄、喜好、职业、环境都逐渐成为一个个标签,通过大数据的对比和分析,用户的属性变得越来越清晰,用户画像也随之产生。

1. 什么是用户画像

用户画像是指建立在一系列真实数据之上的目标用户模型,可以简单理解成是海量数据的标签。根据用户的目标、行为和观点的差异,将用户区分为不同的类型,然后以每种类型中抽取出典型特征,赋予名字、性别、年龄、场景等描述,形成一个个用户标签。

用户画像作为一种勾画目标用户、联系用户诉求与设计企业发展方向的有效工具,可以方便运营者具体地、标签化地、有针对性地描述用户特征,并以此作为市场分析、商业决策、精准营销的依据。通常,我们对用户进行标签化之后会得到一些精准的描述,例如 25 岁左右的男性,本科学历,互联网工程师,长期定居一二线城市,经常关注数码产品,喜欢玩游戏。

用户画像中大部分标签都是静态的,也就是在一定的时间范围内几乎是不会变化的,如性别、年龄、学历、职业、收入、居住地、兴趣爱好等;而像浏览习惯、用户行为等信息则会在不同时间都产生不同的分布,称为动态标签。

1)静态标签

静态标签很多时候是通过用户的注册信息直接获得的,如我们一般在注册用户信息、填写个人资料的时候都会填写性别、出生年月、学历、职业之类的信息。

2)动态标签

动态标签一般是基于用户真实的产品使用行为,例如对于一款产品,一个用户(一类用户)使用的频率是怎样的、在使用哪些功能、使用时间是多少……从这些行为记录信息中,我们可以得到一些非标签化但非常具体且很有用的数据。

2. 为什么要建立用户画像

1)明确服务对象,优化社群定位

用户画像可以使社群的服务对象更加聚焦和更加专注。在互联网行业中,有很多公司存在这么一种情况:准备搭建一个社群,希望人数越多越好,不管是男人女人、老人小孩、专家小白、大神平民……统统拉到群里来。通常这样的社群会快速崛起,也会快速消亡,转化率很低。因为不同的用户有着不同的属性,相应也会有不同的喜好。我们都知道,不可能存在一款产品可以满足所有人的需求,社群其实也是一种产品,所以也不可能有哪一种社群可以满足所有人的需求。每一个社群都是为特定目标群的共同标准而服务的,目标群的基数越大,这个标准就越低。换言之,如果这个社群是适合每一个人的,那么其实它是为最低的标准服务的,这样的产品要么毫无特色,要么过于简陋。

2)完善社群运营,提升用户体验

用户画像可以改变以往闭门造车的运营模式,通过事先调研用户需求,设计更适合用户的社群,提升用户体验。用户画像还可以对外服务,提升盈利:根据社群特点,找到目标用户,在用户偏好的渠道上与其交互,促成购买,实现精准运营和营销。

3)提供便捷的运算方式

从大数据处理角度出发,标签提供了一种便捷的方式,使得计算机能够程序化处理与人相关的信息,甚至通过算法、模型能够"理解"人。当计算机具备这样的能力后,无论是搜索引擎、推荐引擎还是广告投放等各种应用领域,都将能进一步提升精准度,提高信息获取的效率。

3. 如何建立用户画像

1)收集信息

建立用户画像的第一步是尽可能完整地收集用户信息,但是用户信息散布在互联网的各个角落,存在着时间和空间上的不确定性,无法直接通过检索或询问来获得。这个时候就需要使用一些方法来帮助收集用户信息。

图3-20是收集用户信息的基础逻辑,下面详细讲述收集资料的过程。

(1)用户做了什么动作

首先要深入用户群体,去了解用户在做哪些事情,例如购买某些商品。找到了用户在做

图 3-20　收集用户信息的基础逻辑

什么事后,要分析这是个体行为还是集体行为。例如一群人中只有一个人买了这本书,那这是一个个体行为,没有参考价值;如果超过一半的人买了这本书,那就是集体行为,可以作为参考。

(2) 在哪些平台做这些动作

明确了用户做了哪些动作后,要去找出他们在哪些平台上做这些动作,例如在淘宝上买书、在知乎上提问。每个平台都会有对应的用户属性,有些平台还有专门的用户分析工具,可以帮助运营者快速定位自身的用户。

(3) 留下了什么重要信息

接着要从这些平台及配套分析工具中查找出用户留下了哪些重要信息。借用法医学的罗卡定律"凡有接触,必留痕迹",用户行为也是如此。用户只要做了事情,就肯定会有痕迹,不管是关注、点赞、评论还是留下 ID,都属于用户信息。

(4) 反映用户什么特征

通过对动作、平台、线索等信息的总结归纳,可以得出用户的各类特征。例如用户大多数使用快手,可以分析出用户主体为三线城市以下的人群;用户大多数是京东 PLUS 会员,可以分析出用户的消费能力较强。在很多时候,查找用户留下的信息和分析对应的用户特征是同时进行的,只要把用户动作和平台导入工具,就直接可以获取用户动作和用户特征。

2) 收集资料及分析的工具

在搜集数据的时候,常常会用到各类工具,下面为大家推荐一些比较好用的资料收集和分析工具。

(1) 爬虫工具

爬虫工具是一种按照一定的规则,自动地抓取万维网信息的程序或脚本,表 3-7 是较为常见的爬虫工具。

表 3-7　常用的爬虫软件

爬虫工具	操作难度	适 用 场 景	参 考 价 格	举　例
神箭手	简单	常规大型网站	免费~499 元/月	知乎/京东
八爪鱼	中等	结构较为简单的网站	49~399 元/月	简单网页
Python	困难	各类网站都可行	无	豆瓣
造数	简单	基础的数据网站	0~899 元	简单网页
淘宝	简单	结合实际情况使用	具体询价	某公众号全部文章数据

（2）在线分析工具

网络上有很多在线的分析工具，可以帮助运营者获取不同平台的数据情况。下面介绍一些操作简单的工具，如表3-8所示。

表3-8 常用的在线分析工具

在线分析工具	适 用 场 景	举　　例
新榜	分析公众号环境	行业公众号榜单
西瓜助手	分析单个公众号	某公众号用户属性
BlueMC	分析微博博主	某大V粉丝信息
百度指数	百度搜索指数	某关键词被搜索情况

（3）其他工具

除专用工具外，还有不少渠道和工具可以帮助获取和整理信息，在这里主要介绍行业报告渠道和关键词分析工具。

行业报告平台常见的有易观、艾瑞咨询、猎豹智库、知网、百度文库等，可以获取各类行业报告、市场调查、观点见解、趋势分析。

关键词分析工具有图悦、NLPIR等，可以分析出关键词的词频、词性、词类等信息。

接下来，我们通过例3-4来详细说明如何通过各种软件及平台找到所需的用户信息。

例3-4 如何找到用户信息

小熊通过竞品分析，基本确定了采用"群内监督每日打卡"的社群模式，就是每个进群的用户需要在一个月内每天坚持练习硬笔书法，并把每天的作品发至群内"打卡"，由群主进行监督。

（1）调查用户动作

小熊做用户画像的第一步是先在各个竞品社群中调查询问用户的喜好和行为。经过研究发现，竞品社群中绝大多数人对于古诗词表现出普遍的兴趣，另外都买过硬笔书法字帖。

（2）调查对应平台

通过对古诗词这个关键词调查，发现用户并没有集中的平台，注意力分散在微博、书籍、公众号等平台，不具有鲜明的参考性。买硬笔字帖则相对明确，大半用户都是在京东上进行购买。

（3）调查用户所留信息并分析特征

针对硬笔书法字帖，小熊首先通过在京东上进行搜索，找出较热门商品的销售情况并进行爬虫调查。经过研究发现，商品评论内容基本和用户本身无关，没有太多的价值；而京东的会员等级直接和年消费金额挂钩，有较大分析价值，如图3-21所示。

把爬虫抓取出来的数据按图3-22所示做成饼图，可以清晰地看到PLUS会员、银牌会员和金牌会员占了极高的比例，分析得出硬笔书法社群的用户具有中高等消费能力。

另外小熊还从艾瑞咨询中查找到一份《中国零售业付费会员消费洞察》行业调查报告，如图3-23所示，从中获知京东PLUS会员男性较多、年龄层次偏低、学历较高、职场人员为主等信息。

会员级别	成长范围	会员有效期
注册会员	无	永久有效
铜牌会员	0~1999	永久有效
银牌会员	2000~9999	会员有效期1年，1年后扣除1000成长值 根据剩余成长值重新计算级别
金牌会员	10000~29999	会员有效期1年，1年后扣除4000成长值 根据剩余成长值重新计算级别
钻石会员	30000~无上限	会员有效期1年，1年后扣除10000成长值 根据剩余成长值重新计算级别

图 3-21　京东会员等级

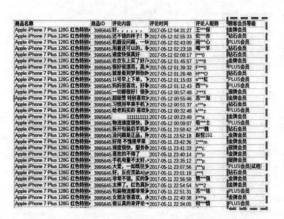 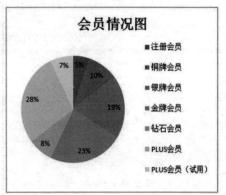

图 3-22　京东爬虫分析图

图 3-23　《中国零售业付费会员消费洞察》报告的局部内容

小熊分析完商品所带来的信息后,接下来打算从新媒体端切入。他把从群里、豆瓣评论、论坛里搜集来的各类标题、消息导入图悦中,生成高频词图,并且通过百度指数的分析完善了高频关键词图。图3-24所示是百度指数需求图谱。

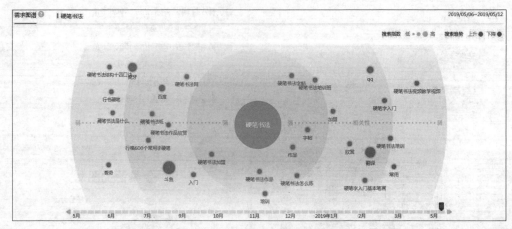

图3-24 "硬笔书法"百度需求图谱

然后小熊把关键词放到新榜中进行"文章关键词搜索",设置时间阈值为30天内,导出了搜索结果中的文章。在导出的文档中,小熊按照阅读量来进行排序,找出20个阅读量比较好的公众号进行了关注。

紧接着小熊把这些公众号放进西瓜助手中进行如图3-25的分析比对,获知了这些公众号用户的年龄、职业、消息高频词等信息。

图3-25 西瓜助手操作的局部页面图

在公众号文章的翻阅中,小熊刻意留意和记录人名和机构名,找出了高频的人名和机构名。他在微博上对这些人名和机构名进行搜索,最终确定出 3 个有一定影响力的博主。小熊接着借助 BlueMC 工具获取了这些博主的粉丝属性。例如图 3-26 是博主"一起练字"的用户数据。

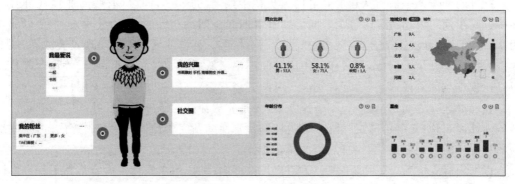

图 3-26　微博博主"一起练字"的用户数据

3)制作标签并得出结论

一个标签通常是人为规定的高度精练的特征标识,例如年龄段标签:25～35 岁;地域标签:北京。标签呈现出两个重要特征。

一是易理解,即人能很方便地理解每个标签含义。这也使得用户画像模型具备实际意义,能够较好地满足业务需求。

二是单含义,即每个标签通常只表示一种含义。这一种含义往往整合了该类别板块中全部的信息,选重点部分进行表达。例如"年龄以 20～30 岁为主,30～40 岁也有一定占比"。如果有需要,还可以给不同标签确定权重,进行大数据分析,此处不作详述。

社群的常见标签种类有:年龄、性别、地域、收入、职业、行业、兴趣爱好、关心话题等。例如小熊把全部数据罗列出来,重新整理分析,得到如表 3-9 所示的用户画像。

表 3-9　小熊整理的硬笔书法行业用户画像

基础属性	消费能力	社会关系	关心话题	追求
• 性别:男女基本均等 • 年龄:20～35 岁 • 地域:北上广江浙的一二线城市 • 学历:本科以上为主	中等偏上的消费能力	• 职业:学生、职员、经理 • 行业:教育、文化、科技、传媒	• 职业方面:知识、成长、求职 • 社会方面:历史文化、社会热点、娱乐搞笑	自由、艺术

3.2　社群的运营阶段

社群与大多数互联网产品的最大差异在于其生命周期极其短暂,平均生命周期在 100 天左右,生命力顽强的社群存活时间一般也不会超过两年。所以社群运营中很重要的一点就是要在开始运营前确定出整个社群生命周期的运营计划。

社群的生命周期一般分为起步期、成长期、稳定期、衰退期,本节会重点介绍这四个阶段的阶段特征和运营方法,并提供一些延长社群生命周期的技巧。

3.2.1 起步期:建设与尝试

社群的起步期一般指从建群到群内人员初步稳定的这个时间段(有些商业性社群会直接跳过起步期阶段,直接进入成长期)。在社群的起步期,一般人员流动量较大,主要以流入为主,也有觉得社群不适合自己的用户主动退出社群。社群的活跃度会呈现较大波动,例如个别人很活跃其余人保持观望,或者一段时间内很活跃另一段时间内很沉寂。所以,起步期也是比较难熬的阶段,需要运营者花很多时间去经营,赢得信赖并积累种子用户。

在社群建立之初,首要任务不是拉新人,而是完成社群的基础建设。社群的基础建设包括创建社群名称、社群价值观、社群规则、社群日常活动及完善社群运营逻辑等内容,有些平台的社群还需要制定出社群头像、社群简介等。

以上内容完成后,下一步是把种子用户拉进群内(种子用户的相关内容将在下一章中详细讲解),然后按照计划好的运营逻辑进行运营测试,定期向初始用户征求反馈和意见,并不断优化社群运营逻辑。期间,发红包和送礼包都是很不错的促活手段,可以大大降低群员的流失率。

下面通过例3-5来补充说明起步期该如何运营。

例 3-5 硬笔书法社群起步期运营

小熊完成社群定位后,制定出了一套初步的社群运营逻辑:

- 社群的核心逻辑是用户缴纳200元押金进入社群,要求在每天的22点前把当天的写字作品发到群里并@群主审核,作品字数不得少于50字。社群按照班期制运营,每一期时长为一个月。
- 对于未完成任务的人,由群主从他的押金中抽出50元发群红包,每个群员都有抢红包的资格。
- 如押金不足则需要再缴纳100元押金,一期结束后退还用户除罚款外的剩余押金。
- 每一期人数在50~100人,凑齐足够人数再开下一期,时间间隔不超过一个月。
- 每一期结束后群不解散,改名为交流群,期间可以推荐硬笔书法相关产品进行变现。
- 群员中途退群则退还剩余押金的50%,每个群员有两次请假机会。

然后小熊对社群的基础建设作了规划,群名为"硬笔书法日更小分队第N期",N随着期数变化而修改。社群的核心价值为通过刻意联系来锻炼自律能力,提高硬笔书法水平。社群内日常活动为打卡、交流互动、知识分享等。另外小熊还通过参考竞品社群,制作了群规则(群规则案例会在例3-6中详述)。

接着是测试环节,小熊简单地做了一张海报,发在了朋友圈和微博上,一共有7人联系了他。于是小熊在几天后把这些人聚焦起来组建了一个"内测群",进行为期一周的测试,结果发现在押金和罚款上设置过高,用户觉得有点难以接受。所以小熊把押金降到了100元,单次罚款降到了20元。另外朋友还告诉他其现在的模式传播能力太差,于是小熊增加了一条规则:入群需要交纳29.9元会员费,如把海报发至朋友圈一天以上则可以降价至9.9元,另外每个会员均可以领取一份硬笔书法教学视频(小熊自己学习的时候留存下来的视频文件)。

3.2.2 成长期：扩张与完善

社群的成长期一般指用户数量持续上升、社群活跃度持续提高的阶段。这个阶段的用户普遍对社群有了一定的了解，但是还没有建立起足够的信任，运营者由于还没有在群里树立权威，大多数群员会保持观望态度。所以，在这个阶段，群员基本都不太会主动邀请新成员加入，群员的话题以及内容一般不会太出格。

这个阶段的主要工作是吸纳新用户入群、协调新老用户之间的关系、优化群内活动和内容、培养群内活跃人物为小 KOL、掌控群内舆论的发展方向、慢慢统一社群价值观等。

成长期也是社群最容易夭折的时期。由于新人的持续加入，观点冲突、活跃度骤降、群员间矛盾、广告干扰等问题都可能导致社群迅速进入衰退期。所以需要严格执行群规，并且需要高频率观察群内动向，及时制止可能发生的问题或冲突。

3.2.3 稳定期：维护与变现

社群的稳定期一般指用户数量基本稳定、群角色的定位以及分工基本明确、所有内容及活动形成体系的阶段。这个阶段的群员数量已经相对较多，日均活跃度也基本稳定下来，群内已经出现了一些小 KOL 可以帮助群主管理社群，使群主的工作相对减少。群员也会自行邀请新人入群，社群气氛比较活跃。

但是表面繁荣的背后可能慢慢诞生一个个小派系，互相之间逐渐产生分歧和矛盾，新人和老人之间的矛盾可能逐渐不可调和。这是一个社群发展中的必然阶段，任何运营者都无法避免，能做的只是延缓这个发展过程。所以作为运营者，需要关注好这些问题的发展情况，为将来的衰退期尽早做好准备。

稳定期也是变现期、转化期，这个阶段的用户对运营者已经产生了足够的信任和依赖，推荐的商品或服务的转化率会比较高，如果产品优质的话还会有较高的复购率。不过需要把握好打广告的频率和尺度，不要太频繁也不要太生硬。

这个阶段的主要工作是运营好日常社群内容与活动、处理好群内明显的矛盾与纠纷、慢慢植入能变现的内容、做好衰退期的准备等。

3.2.4 衰退期：改变或重来

社群的衰退期一般指用户数量持续下降或活跃度持续下降的阶段。这个时期一般是一个社群运营的终点，但同时也可以是一个新的起点。衰退期的常见特征包括群员大量流失、群活跃度降低、群员分流出去自行建群等，其中最显著的就是每日消息量明显减少，群员越来越不想在群内发言，基本上就代表这个社群进入了衰退期。

运营者应对衰退期有三个方法：一是解散现有社群，重新建一个社群，把群员转移至新群中，开启下一个社群生命周期；二是通过对社群定位和功能的调整，减去一部分群员并重新对外大量吸纳新人，重返社群的成长期；三是放弃这个社群，仅保持最基础的运营，把重心转移到其他社群，这个方法通常用于有多个社群的情况。

这一阶段的主要工作是社群运营的复盘、尝试重新激活社群、开设新社群进行引流等。

📖 多学一招：如何延长社群的生命周期

社群的生命周期一般受以下几个方面的影响：

- 群主或社群运营者的价值影响力。群主或社群运营者价值影响力直接影响社群的生命周期，价值影响力越高生命周期越长。例如一个著名书法家建一个书法群，只要还在维护，基本这个群就不会死。
- 社群制度是否充分落实。每个群都有群规来约束群员什么可以做、什么不能做，如果群规得到充分落实、赏罚清晰，群内的价值观就会比较统一，出现意外情况的概率就会减少；相反如果群规没有得到落实，不守规矩的群员没有犯错成本，那么整个社群的环境就会迅速败坏。
- 群员是否有持续的收获。群员对社群的依赖很大程度取决于是否能持续地有收获，包括学到知识、获取信息、满足自身需求等。当群员觉得这个社群对自己的价值逐渐降低的时候，自然就会慢慢疏远这个社群。
- 社群运营者的运营是否合理。社群的生命周期和社群的运营方法有着密切的关系，例如社群运营者时不时会和群员吵架，那就会大大降低用户满意度。

下面为大家推荐几个比较好用的延长社群生命周期的方法。

（1）人员筛选

想要精维护的社群一定要定期进行人员淘汰，必须要有新陈代谢。这样一方面能够保证社群成员的质量，而且社群不断有新成员加入，还能给社群持续提供新鲜感；另一方面，筛选机制也能给社群成员一些压力，让他们更积极地参与到社群的活动中。例如社群人数达到 300 人以上后，每两周进行一次人员清理，选择将部分没有按照群规则修改备注或入群后没有发过言的用户清理出去；又例如随时保持违规清理状态，把违反群规、私下爆粉（指在短期内私下向所有群员发出好友申请的行为）的用户及时清理出去。

（2）建立深度关系

活跃社群不能只靠线上，有特定的活动、特定的话题、特定的活跃节奏，社群才能保持长久活跃。我们不但要在线上举办各种符合社群调性的活动，还要积极筹备线下活动。

之前霸王课在做社群裂变的时候，就召集了北京班长的线下见面会。大家互相介绍，在一起讨论方案，解决各种疑问，沟通效率比在线上高了很多。

鼓励成员线下见面能更快让社群成员产生情感认同，社群成员主动晒活动照片也会增强社群的归属感。人和人一旦有了线下连接，这种真实感带来的认同感比虚拟的点赞要强得多。

（3）推陈出新

社群是一个小的生态体系，要想让大家自发地活跃，就得让大家通过社群产生有趣的连接。而且连接的形式一定不能是千篇一律的，形式要创新，这样能够刺激大家在不同的环境下产生新的化学反应。例如上次做了大咖分享，这次可以是优秀学员分享，下次是抽奖送书活动，再下次开一个心理沙龙。要让社群成员总觉得这里有惊喜，总关注这个社群，这样自然而然就能延长社群的生命周期。

3.3 社群常规运营方法

社群常规运营是指社群在大多数时候定期进行的活动和推送的内容,还有社群运营的部分底层基础,包括群规则、常规内容、常规行为三个部分,本节将对这三个部分进行详细介绍。

3.3.1 群规则

没有规矩不成方圆。社群的规则在建立社群的时候就应该完善起来。社群规则应该涵盖以下几个方面。

- 会员方面:要求群员修改昵称为指定的格式,如姓名+行业+城市。
- 社群功能:介绍运营者是谁,告知用户这个群有哪些功能,说明成员能有哪些收获,社群功能的介绍要简短,最好能让用户在3秒钟内可以记住。
- 支持内容:说明群内支持什么信息、鼓励什么内容,一般主要为符合群内调性的相关内容。
- 反对内容:说明群内禁止什么信息,如广告、私自拉人、不文明用语等。

另外在制作群规的时候,需要注意以下两个方面:

- 要合情合理。群规一定要根据社群的情况设计,甚至一个社群下属的不同分群也要在社群规则的设计上有所区别。根据社群的特点制定相应的基础规则,例如对于娱乐性质重一点的社群,大家可讨论各种话题,只要好玩有趣,能够带动社群活跃,可以相对宽松一点;对于学习性质或成员总体素质较高的社群,社群规则的设定要相对严格一点,包括发言的内容方向、发言是否有价值都需要做规定,以此保证社群活跃的绝对高价值,也可以规定讨论其他话题的时间,防止社群的正常节奏被打乱。
- 社群成员之间不是强关系连接,因此对社群进行控制不能是强制性的,而是需要让社群成员形成自组织自运行,自发地遵守群规。这就需要做到:
  - 每个群员都要清楚地了解群规。
  - 每个群员都要严格遵守群规。
  - 群规的每个内容都要可衡量、可记录。
  - 群规需要按照社群现状及时调整和修改。
  - 群规要保证不被错误解读或滥用。

下面通过例3-6来展示一个完整的群规是什么样的。

例3-6 硬笔书法社群群规

小熊针对第一期硬笔书法社群,制定出如下的社群规则。

本群的宗旨是帮助大家在一个月内每天坚持练习硬笔书法,做到学有所成。

(1) 日更规则

- 每位同学每天练字的数量不得少于50个字;
- 每位同学要在每天22点前把当天的写字作品发到群里并@群主审核;

- 未完成的同学会由群主从他的押金中拿出 20 元，发在群里由大家抢；
- 如押金不足则需要再缴纳 100 元押金，班期结束后退还用户除罚款外的剩余押金；
- 每个群员一共有两次请假机会；
- 群员中途退群只退还剩余押金的 50%。

（2）提供的服务
- 每位进群的同学都可以拿到由群主提供的"硬笔书法知识礼包"一份；
- 随时可以向群主提出关于硬笔书法的任何问题；
- 不定期会有神秘嘉宾来群中进行分享经验 & 答疑。

（3）欢迎的行为
- 提出与硬笔书法相关的各种问题；
- 互相交流关于硬笔书法的相关话题；
- 给大家提供正能量；
- 分享自己写字的经验和教训；
- 适度灌水。

（4）要遵守的公约
- 请各位在群内文明发言，不要发布任何国家法律禁止的链接、图片、文字等；
- 禁止在群内发起语言攻击、发表粗俗话语、用表情包刷屏；
- 禁止广告，发广告需要撤回，提醒后不撤回将踢出群；
- 禁止私自拉人进群。

（5）其他小提示
- 修改昵称：规则是群昵称-地区，例如小明-北京；
- 对群内有任何意见或建议，都可以直接私聊群主沟通；
- 为了方便大家交流，请在发言前备注发言类型，例如

  【提问】我写的字老是高矮不一怎么办？

  【打卡】@群主，X 月 X 日写字任务已完成。

3.3.2 常规内容

社群运营的常规内容是指在群内常见的各类消息内容，主要包括 UGC 和 PGC 两种。

1. UGC

UGC（User Generated Content）原意是用户原创内容，此处指普通群员发的用于促进社群活跃度的内容。除了正常的聊天和交流外，社群运营者还需要鼓励群员多发一些有价值的内容，如自己的经验、自己所掌握的知识、自己犯过的错误等。另外也需要多鼓励群员参与群内的话题讨论，图 3-27 是某学习社群的群员讨论截图。

> 多学一招：社群新成员如何打破陌生感

新加入社群的用户往往由于不认识别的群员、害怕说错话、不了解群内氛围等因素不敢发言，如果社群运营者不加以引导，就会很容易错过融入社群的"黄金 48 小时"。最简单的社群破冰方式就是做自我介绍。自我介绍一般建议由社群运营者提供模板给用户，这样既

可以统一格式提高美观度，也可以避免出现一些意外状况。

例如秋叶私房课社群的自我介绍格式如下所示。

我是：【昵称】

我在：【坐标】

我的职业：【职业标签】

我的技能：【特长/能力标签】

我能：【我能给大家提供什么帮助】

我有：【我参加课程有何困惑】

我期待：【我期待在私房课收获什么】

另外，社群运营者可以找一些自己的小伙伴来做水军，带头做自我介绍并在群员自我介绍后给予积极的回应、反馈，让群员有更强的代入感。

2. PGC

PGC（Professional Generated Content）原意是专家原创内容，此处指社群运营者发的内容。社群运营者不仅是社群的管理者，也是社群中的一员，需要在社群中频繁地发言，包括引导话题、推送知识、新人入群后发欢迎语、有人犯错误时进行警告等。另外由于群主拥有通知所有人的权限，因此重要的信息尽量都由群主来进行推送。图 3-28 是某学习社群的知识分享截图。

图 3-27　某学习社群的群员讨论截图

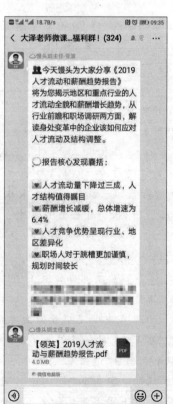

图 3-28　某学习社群的知识分享截图

3.3.3 常规行为

社群运营的常规行为是指群内周期性的活动及内容推送,其中包括群日报、群话题、群分享等。

1. 群日报

群日报是指每天在社群中推送资讯新闻的行为,这个行为在大多数商业社群中都有存在,按照推送时间的不同可以细分为早报、午报、晚报三种,按照展现形式划分则分为文字类、图片类、网页类、链接类等。另外还有小时报、周报等变体的存在。

群日报的内容一般选自网络上的各类资讯平台和各种资讯渠道,深度贴合社群定位,例如教育类社群推送教育类资讯、科技类社群推送科技类资讯。群日报的内容具有及时性(近期发生)和简洁性(单条消息长度不超过50字)的特征,主要目的在于通过简短的资讯,让群员有所收获,增加群员对社群的认可度。另外群日报内也可植入广告、心灵鸡汤、新闻评析等内容。

例3-7是一家名叫三节课的互联网培训机构在社群内推送的日报,该案例是一份较为成熟的群日报,大家可以从中借鉴和参考。

例 3-7　三节课 2019 年 5 月 10 日早报

【三节课9点钟】　1分钟了解互联网大事

2019年5月10日星期五

【今日热点】

◆ 京东最新股权曝光:刘强东持股15.4%,拥有79%投票权

京东2018年年报显示,刘强东持有京东集团15.4%股权,为第二大股东,拥有79%的投票权;腾讯持股为17.8%,为第一大股东,拥有4.5%的投票权。

◆ 爱奇艺回应裁员20%:未裁员,优化部分绩效不达标员工

脉脉爆料称,爱奇艺上海地区已于近日启动了优化裁员,比例在15%~20%。对此,爱奇艺回应称,不存在裁员,而是属于对绩效表现不达标的员工所进行的常规优化。

【资讯快览】

(1) 京东回应澳洲办公室关闭:已完成历史使命,属正常调整

(2) 陆奇首次公开YC中国最新进展,2019秋季创业营正式招生

(3) 2018年中国连锁百强出炉:苏宁、国美、华润万家前三

(4) 孙正义:软银正筹备第二只规模达千亿美元的愿景基金

(5) ofo回应"退出成都传闻":经营单车业务的同时,将拓展更多业务可能性

(6) 融创中国董事局主席孙宏斌退出乐融致新董事会

(7) 转转上线球鞋鉴定交易平台"切克"

(8) 支付宝回应上线"发呗":为"向多人转账"的功能升级

(9) 瑞幸咖啡最高募集5.1亿美元,已获足额认购

（10）Uber将IPO发行价定在每股45美元，融资81亿美元

早报君说：是79%投票权，不是一票否决权；是优化，不是裁员。

【好课推荐】
（1）课程名称：互联网业务数据分析
（2）开课时间：5月10日（今晚8点）
（3）剩余名额：15个
（4）课程亮点：6周体系化学习＋8次实战训练，涵盖数据指标、数据工具、数据处理、数据采集、数据分析等内容，让你学会利用数据解决业务问题。
（5）报名地址：×××××

以上早报由三节课汇总整理
信息来源：×××
本期编辑：×××

2. 群话题

群话题是指社群运营者在群中抛出的具有争议性和话题性的提问，引发群员的讨论与思考，从而提升社群活跃度的行为。群话题需要具有以下特征。

1）群话题要和群员密切相关

让用户参与讨论的第一要素就是话题和用户自身相关，只有和用户相关才能激发起用户高度的关注和兴趣。例如在淘宝店铺运营交流群抛出一个"如何优化产品标题"的话题，因为这个话题和每个卖家密切相关，所以就会有一定的群员来参与讨论。

2）群话题要让群员产生共鸣

想要快速提高社群活跃度，就要保证发出的话题能让用户产生一定的共鸣，这样他们才有积极参与讨论的意愿，群内氛围也会比较热闹。例如在平面设计类行业交流群中，组织讨论"遇到过哪些奇葩的甲方"，就很容易让群员产生极高的共鸣，会源源不断地讲出各类自己遇到过的故事。

3）群话题的门槛不能太高

对于一些较年轻或刚入门的群员来说，过于高深、专业的话题会让他们无所适从，不知道该怎么加入讨论。这种情况如果经常发生的话，就会大大降低群员参与讨论的积极性。

4）群话题需要有人引导

由于群内发言具有随机性，可能一个话题抛出没多久，就被一些群员带偏了方向或者转移到别的话题上。这时候就需要有人出来把话题带回正轨，例如社群运营者抛出某个旅游景区风景的话题，结果群员很快把话题转到了当地美食上，这时社群运营者可以发一些该景区的照片来拉回话题。

5）选对话题提出时机

话题提出的时间也很重要。如果提出话题的时候群员都在睡觉或努力工作，那这个话题就得不到太多的反馈。所以社群运营者必须深入调查并了解用户的作息习惯，选出最佳

的话题提出时机。

3. 群分享

群分享是指定期邀请嘉宾在社群内进行分享,这是一个很不错的提高用户活跃度和满意度的方法。邀请的嘉宾一般分为以下几类:社群运营团队成员、社群内成员、同社群生态中其他群的成员、外部人员。图3-29是常见群分享的运营流程。

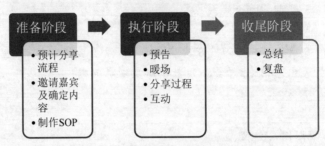

图3-29 常见群分享的运营流程

下面把该运营流程的每个环节逐个拆解,详细为大家进行分析。

1) 准备阶段

STEP 1 预计分享流程通过调研社群内的用户需求,大致策划出分享日期、分享时间、分享地点、分享形式等基础信息。

STEP 2 按着预计的分享计划,寻找合适的分享人员。大多数情况下都会预定好一位分享者,然后还有两三位备选者,避免因为嘉宾临时出现情况而使得分享无法进行。在邀请嘉宾的时候,需要同时和嘉宾商讨好具体的分享日期、时间、内容、时长等要素。

另外在和嘉宾沟通的过程中,一定要详细沟通本次分享的内容,判断内容是否符合群员的需求,最好能让嘉宾提前做好文字稿,便于检验和留存。

STEP 3 制作SOP。确定好分享的各类信息后,需要把具体信息整理成流程化执行方案,即SOP(Standard Operating Procedure,标准作业程序)。SOP中需要明确写出在什么时间点做哪些事情,然后在执行过程中严格按照SOP来执行。

多学一招:SOP的常用工具——甘特图

甘特图又称为横道图、条状图。通过条状图来显示项目、进度和其他时间相关的系统进展的内在关系随着时间变化的情况。甘特图包含以下三个含义:

- 以图形或表格的形式显示活动;
- 通用的显示进度的方法;
- 构造时含日历天和持续时间,不将周末节假日算在进度内。

甘特图按内容不同分为计划图表、负荷图表、机器闲置图表、人员闲置图表和进度表五种形式。一般制作SOP所用的是进度表,图3-30是一次送书活动的SOP甘特图(扫码后可看),从图上可见,对于每一个工作环节都进行了拆分,并且制定了详细的完成时间和负责人,另外还需要按照即时进度来持续更新这张图表。

2) 执行阶段

STEP 1 及时进行预告。确定好分享活动流程后,就需要在社群内告知用户有这么一次分享,并且尽量让更多的人来参加分享。预告分成两个组成部分:一个部分是时间,一般来说分享周期性较长的社群建议提前一周开始预告,可以设为"一周前→前三天→前一天→分享当天"这样一个递减时间计划。分享周期性较短的社群则可以在分享前一天开始预告。另一个部分是预告的文案。文案的好坏直接影响到分享活动的宣传效果,一般预告文案里需要包含分享时间、分享人、分享地点、分享主题、分享规则这五个要素。

图 3-30　送书活动的 SOP 甘特图

STEP 2　暖场也叫预热,一般是指在分享前一小时到开始分享之间的这个时间段所做的运营。暖场一般有以下三个内容:

- 发群公告提前提醒大家马上就要开始分享了。
- 安排水军及时响应。
- 发红包挖出潜水人群。

STEP 3　分享过程。最常见的是群内文字/语音的分享形式,分享过程一般会让其他成员全部禁言。首先由主持人做开场白和介绍嘉宾,然后由嘉宾进行分享,同时社群运营者进行控场,以防意外情况发生。另外还有用软件实现视频或语音直播分享的形式,这种情况下只要在评论区做好场控即可。

STEP 4　互动是指嘉宾分享结束后的自由交流时间,这个环节一般只需要设群管理员做好引导即可。如果讨论人数过少,则需要安排水军参加。

3) 收尾阶段

STEP 1　分享结束后,主持人需要对分享活动进行总结并对嘉宾进行感谢。另外此时也可以打一些广告和赠送用户一些福利,从而帮助变现和提升用户满意度。然后社群运营者可以把此次的分享总结出文字版或图片版作为留存;也可以分享到各个渠道,吸引更多的用户加入社群。

STEP 2　复盘是指在全部活动结束后,拆解整个分享活动流程,查找问题点并进行优化。一般分享活动的复盘由以下四个组成部分:做了什么、做得怎么样、遇到哪些问题、怎么解决这些问题。

为了更加通俗易懂地给大家介绍如何设计好一场分享活动,下面将通过例 3-8 这个社群分享案例来详细说明。

例 3-8　硬笔书法社群分享案例

在测试完成后,小熊把群名改为"硬笔书法日更小分队第一期",请内测的 7 名用户作为水军来活跃社群气氛。接着定好了第一期开群时间,制作了宣传资料,在各个渠道推广。最终在第一期开始前吸纳了 36 个用户,开始了第一期的正式运营。

在开始运营的第一周,小熊发现有一位名叫"二胖"的群员十分活跃,并且对硬笔书法有着比较深入的了解,有社群 KOL 的潜力,性格和为人也挺好。于是小熊准备让"二胖"来做一次简短的社群分享,促进社群的活跃度。下面通过实际话术及交流来展现整个分享过程。

(1) 嘉宾邀约话术

二胖你好呀,看你在群里平时聊天挺多的,也看到你的朋友圈里有很多关于硬笔书法方面的文章和你自己的感悟,真的都非常优秀!请问你是否愿意花一点点时间整理一下在硬笔书法方面的感悟和故事,然后跟群里的其他同学做一个分享呢?时间定在下周五,这样你可以有充足的时间来准备,如果你需要我这边帮忙的话,咱们也可以聊一下梳理一个提纲,你看你需要多少天进行准备,3天可以吗?在分享前5天的时候我们要把内容准备好哦。我这边给你准备了一些小礼物略表心意。

(2) 群预告文案(分享当周)

Hello,大家好哇,建群已经一周了,我准备给大家一些"加餐",请到了一位有着多年硬笔书法经验的大佬来进行一场分享,他曾荣获过省级硬笔书法大赛亚军,相信大家听完会收获多多哦~

时间:本周五,晚上20:00

分享人:二胖

分享地点:硬笔书法日更小分队第一期群

分享形式:语音

分享主题:如何通过刻意联系在短期内提高书写技能

(3) 群预热文案(分享当天)

找不到切入点,在迷茫中摸索,耗费大量时间,收效甚微?

缺乏循序渐进的系统练习,不会举一反三?

试了很多帖都没有用,实际应用中,立刻打回原形?

那你万万不能错过这场硬笔书法教学分享!

今晚20:00,二胖为大家现场讲述【如何通过刻意练习在短期内提高书写技能】

我们不见不散哦~

(4) 群分享前主持

行为:分享前5分钟先发一个30人份总价50元的红包。

话术:(分享时)

@所有人

亲们,大家期待已久的分享就要开始啦,二胖已经准备好了,你们准备好了吗?可别光顾着抢红包哟,下面就把时间交给这位了不起的硬笔书法大佬!

(5) 分享结束后话术

• 群内反馈:

本期分享到此就结束了,听完二胖大佬的分享有没有收获呢?这是二胖的分享文字稿,发给大家,大家可以再仔细回顾看一下!千万不要忘记实践一下哦,学以致用,不止是对硬笔书法,对大家的生活和学习都会有一些帮助哦~

此外,大家在硬笔书法练习中还遇到过什么问题吗?可以告诉我,我来为大家安排下一期的主题分享!

【此处打个小广告】:硬笔书法配套的纸笔,亲测这一家店做得很不错,大家有兴趣的话可以尝试一下,快快点击下方链接报名吧:×××

- 分享者私聊反馈

二胖大佬,您的分享太精彩了,没想到您不仅是硬笔书法大咖,还是个很有潜力的老师呢,内容翔实,方法实用,可真是太有价值了。非常感谢您给大家做的分享!为了感谢您,这边有一套×××老师的硬笔书法进阶教程送给您!

4. 群福利

群福利是指社群运营者在群内发放给群员的各类物质和非物质的好处,包括以下四种类型。

1) 物质福利

在社群运营中,发放实体物质奖励肯定是一个最佳的选择,包括红包、纪念品、食物、书籍和一些定制的特殊礼物,例如给每个群员赠送社群纪念U盘、给特殊贡献的群员送一些合作方赞助的小礼品等。如今,物流价格不算很高,邮寄起来也比较简单。这可以直接换来群员对社群更加忠诚和热爱。

2) 知识福利

知识福利包括课程、电子书、音视频等形式。随着知识付费的兴起,外加如今各种自媒体散播焦虑,每个人都渴望成长、提升。所以要想社群成员加速成长,可以赠送各类知识产品,这种福利就和发红包一样,既快速又便捷,同时又为群成员着想。

3) 荣誉福利

对于没有专门组织架构的社群来说,在群里设立一些特别的、有趣的头衔是激发活跃度的一种方法,也可作为社群专属福利发给群成员。例如"知识型IP训练营"社群可以有"班主任""辅导员""内容官""城市分舵主"等各司其职的头衔名称,这样对于社群发展和活跃都有特别显著的作用。

4) 积分福利

积分福利是一种成本极低的模式,利用社群体系中的一些规则进行福利发放,常见的有积分、优惠券等形式。例如学习型社群,通过打卡的方式,给群员累计一些积分,而积分可以兑换各类奖品。

多学一招:社群运营的五大误区

- 群里人越多越好。很多运营者经常会感到自己社群内的人数太少,并认为是人数少才导致活跃度低,其实并不是这样。社群的质远比量重要,有些30人的社群每日消息能达到5000条以上,有些500人的社群每日消息还达不到50条。社群的活跃度和其他属性的好坏更多地取决于运营方法,仅凭人数很难达到想要的效果。
- 社群需要一直活跃。社群的活跃度不能仅凭每日平均消息数量来衡定,不同类型的社群每日平均消息数量是不一样的。由于社群消息的重要性大多数时候不及个人消息,群内消息越多会导致越来越多的用户把社群设置为免打扰,之后再在群内做运营时会有大量的用户看不到群内的消息。另外作为社群运营者不能频繁使用各种技巧让用户活跃,那会大大降低用户的留存时间。
- 高活跃度就等于高转化率。很多人会觉得社群如果一直很活跃,那么在做营销转化的时候也会有比较好的转化率,这其实是不正确的。活跃度和转化率之间没有必然的联系,高转化率的核心一方面是产品的质量,另一方面是用户对运营者的信任;而活跃度只是用户对社群的好感度的体现。例如群员进群的目的是交友,这时运营者在群内强行推广服装类商品,转化自然不会高。

- 一个人能管好100个社群。社群运营并不是简单地发一些消息组织一些活动即可,里面还有各种策划、分析、总结等要素,一个全职的社群运营最多也就只能同时运营15～20个社群。如果在没有完善的社群自动运营体系下同时运营100个社群,运营者完全无法应对,那么运营的质量就会很差,用户满意度会很低。
- 社群刚建成就"收割"。如今整个互联网环境都有一些急功近利,确实有不少的社群运营者运营社群时一心只想着变现。但是变现需要有一个循序渐进的过程,用户如果没有足够的信任,变现转化率会很低。如果在用户甚至还不了解社群的时候就开始做转化,则用户会快速失去对这个社群的好感,从而使得这个社群迅速进入衰退期。

3.4 社群活动

除了常规运营之外,社群还需要经常有一些定期或不定期的活动来促进社群用户的活跃度与黏性。本节将从线上活动和线下活动两个角度,通过介绍一些较为常见的活动形式,来提升大家的社群运营能力。

3.4.1 线上活动

线上活动是指运营及执行全部通过网络来进行的活动,此类活动成本相较于线下活动会低不少,也是现在社群活动中主要的形式。下面将从线上活动的类型和要素两方面详细介绍线上活动的相关知识。

1. 线上活动的类型

线上活动常见的类型有常规类活动、合作类活动、特殊日期类活动,下面进行详细介绍。

1) 常规类活动

常规类活动是指目的较为单一、形式简单、无需太多时间和精力的常见社群活动,包括投票、打卡、在线问诊、故事接龙、逻辑游戏、限时优惠、砍价拼团等类型。根据社群类型、行业、平台的不同,常规类活动也会有各种各样的变化,没有特定的策划逻辑和活动准则,全凭社群运营者自行设计。详细内容将在后续的社群营销章节中介绍。

2) 合作类活动

合作类活动是指应外部商业伙伴的要求,在社群内举行的活动,例如发表观点领取奖励、转发活动获取抽奖资格等。一般逻辑是通过商业伙伴提供的福利来换取社群成员的某些行为,这些行为常常可以帮商业伙伴带来更多的曝光或销售量。

3) 特殊日期类活动

特殊日期包括节日,例如春节、端午节等;也包括社群内部的特殊日子,例如建群100天、社群告别日等;再或者就是类似京东的"6·18"、淘宝天猫的"双十一"之类的特殊日期。特殊日期类活动一般以庆祝类和赠送福利类内容为主,目的性较另两类活动而言偏弱。

2. 线上活动的要素

线上活动的要素其实就是线上活动的组成部分。只有每个部分都完成了,才能完整地策划出一场活动,下面进行具体介绍。

1) 活动目的

社群活动的目的一般较为单一,多重的目的会使得活动的逻辑太过于复杂,从而会降低用户体验。常见的目的包括提高用户活跃度、提升用户满意度、吸纳新群员、变现转化等。

2) 活动周期

不仅是社群活动,几乎所有领域的活动都有一个"有效期",也就是有一个活动周期。活动周期不同于用户所看到的活动有效期,而是指从策划活动开始,一直到活动复盘结束之间的时间。

活动周期太短则很多用户还没来得及参与就结束了,活动周期太长则会大幅提高活动运营成本。通常情况下活动周期设置为一个月左右比较合适,大型的活动可能会有 2~3 个月的周期。

3) 活动配套

活动配套是指活动相关的文案、海报、视频、网站等配套内容,主要目的是增加活动影响力和传播度,提升用户的参与体验。社群活动配套一般有 3 项基本要求,具体如图 3-31 所示。

图 3-31 社群活动配套的 3 项基本要求

4) 活动规则

一个活动要能完整和顺利地执行,除了用户的参与度,最重要的就是社群活动的规则是否完善。如果活动没有得到足够的限制,用户极有可能通过各种规则漏洞来"薅羊毛",最终导致活动的失败。一般来说,一个完整的活动规则包括活动流程、活动范围、参与活动方式、活动奖励、违规事项、惩罚措施等要素,要在不影响用户体验的前提下保障运营者自身的权益。

例如投票活动中,一般都会限制"一个 IP 只能投一次票",并且会有检查人员随时留意投票系统后台,避免出现刷票和系统故障的情况。

5) 活动预算

活动预算在社群活动中是一个很重要的部分。在活动策划阶段,需要对活动的物料、人工、奖品、软件等要素进行逐一清点预估,并结合活动的预计效果,来判断这次活动是否有价值。如果成本远高于收益,就需要考虑优化活动或取消活动。

6) 活动推广

虽然社群具有极高的封闭性,但是有些社群活动(例如以增加群员人数为目的的活动)是需要在社群外进行宣传和推广的。社群活动推广的渠道和新媒体运营中的推广渠道基本一致,不外乎自有平台、付费平台(例如广点通)、开放式平台(例如在微博、头条号中编辑内容进行传播)、传统渠道(例如电话、邮件)、人脉传播这些渠道。

较大型的社群活动还可以在各类平台上投放广告来进行传播,由于价格较贵,一定要做好预算。

7）活动复盘

活动复盘的目的是为了下一次活动做得更好，也是一个积累经验和教训的过程。一般社群活动的复盘有以下几个组成部分：活动流程情况、活动各项指标数据、资源统计、与预计的差距及原因、活动中的问题点、优化方法等。

3.4.2 线下活动

线下活动是指以线下场景为活动主体，真实发生的、当面的、人与人通过肢体互动的活动。下面将从线下活动的优势和形式两方面，详细介绍线下活动的相关知识。

1. 线下活动的优势

随着线上市场的争夺进入白热化，用户的运营成本和新增成本直线上升，导致线下运营反而变成了一个趋势。例如十点读书是一个文化类新媒体头部公司，其社群也做得十分知名，现在它正在逐步拓展线下业务，如在各地开设书店和本地社群。另外一些垂直领域的社群也会通过线下活动来进行引流，促进自身社群的增长。

通常情况下，线下活动的优势体现在以下 5 点。

1）提高群员忠实度

线下活动的真人面对面相比于线上的文字或语音，有着明显的亲和力优势。通过面对面的交流，可以迅速拉近人与人之间的关系，使群员之间相互加深了解，甚至可能当场就能达成一些合作，而这些是在线上很难达成的效果。

2）为社群提供内容素材

在诸如线下分享会、聚餐、游学等活动中，会产生大量的一手素材和故事，可以更加深入了解群员的想法和爱好，从而优化社群的内容，提高群员的满意度。

3）活动变现

活动变现分为 3 个方面。第一个方面是活动本身可以进行收费，例如门票、食宿费等，来抵消活动成本；第二个方面是线下活动可以寻找企业来赞助或冠名，从而从第三方获取盈利；第三种是在线下活动中植入广告或销售场景，来参加活动的用户进行购买，从而使得社群运营者获取收益。

4）提高社群知名度

线下活动后可以通过活动直播或活动后的媒体报道，让更多的人看到此次活动。另外相对大型的社群活动本身就是社群实力的体现，自身的影响力会通过群员及其他人传播出去，从而吸引更多的人关注和加入社群。

5）真正具有私密性

有一些行业型学习社群，在线上有很多不太正规或打擦边球的运营方法都是不能被使用的，而在线下，只要没有录音和录像，就可以保证分享的私密性。群员听完后还能进行充分的讨论，完全不用担心社群平台被举报之类的风险。

2. 线下活动的形式

线下活动的形式有很多，由于变数众多，这里就不展开论述了。常见的线下活动有聚餐、公益活动、游学、集体旅行、周年庆典、培训、分享会、私董会等形式，需要运营者根据实际情况选择线下活动的形式。

由于线下活动变数较多,每一次活动的策划都不尽相同,因此活动的设计需要社群运营者进行多方调研和参考,并通过自身的积累来逐渐完善社群线下活动的运营模式。

3.5 本章小结

本章主要讲解了社群基础运营的相关内容,其包括社群定位、社群的运营阶段、社群常规运营方法、社群活动四个部分。

通过本章的学习,读者应该了解建立社群的流程和如何进行社群的常规运营,并掌握社群搭建方法和一定的社群运营方法。

第 4 章 用户运营

思政案例

【学习目标】

知识目标	➢ 了解社群用户的分层 ➢ 了解社群用户的情感阶段 ➢ 了解社群积分体系的结构
技能目标	➢ 掌握用户新增的来源与方法 ➢ 掌握用户维系的方法

【案例引导】

硬笔书法社群活跃度提升

在第一期硬笔书法社群的运营过程中,小熊发现群内用户的活跃度在第一周之后快速下降,原本热闹的社群变得冷冷清清,沟通开始变得困难。小熊开始着急了,因为要是用户不再活跃和积极,对自己不够认可,第二期的"生源"可能就会大大减少。缺少用户对于社群运营来说是致命的。

对此,小熊经过研究想出了两个应对方法:

一是打赏机制,在每天提交"作业"后,增加一个互动环节,可以互相进行讨论和评选,对当天写得最好的群员进行红包奖励。

二是给予用户拉新奖励,就是说每成功推荐一位用户,即可获取一定的奖励。小熊告诉老用户,每推荐一位新成员进入下一期的社群,就可以得到 5.9 元的红包奖励。

【案例思考】

社群活跃度降低是一个必然事件,但是如果活跃度降低的速度太快,则需要通过一些用户运营的手段来减缓活跃度的降低速度。

用户运营其实是一个较为深奥的学科,核心是通过用户数据的整理和分析,优化产品(社群)的结构和运营模式;说得通俗一点,就是包含了"怎么拉来新用户""怎么提升每个用户的价值""怎么不让老用户流失"三个板块,本章会详细地对这三个板块进行讲解。

4.1 用户增长

用户增长通俗来说就是指增加社群用户人数,是社群运营中最基础的一个环节。没有持续不断的新用户增长,就无法让社群可持续地运营下去。本节主要通过新用户来源、用户分层、用户增长方法三个部分来进行详细讲解。

4.1.1 新用户来源

在用户增长中,"用户从哪里来"是很重要的一个点,持续不断的新用户是社群用户增长的先决条件。社群中新用户的来源主要包括群员推荐、推广渠道引流、自行搜索和活动引流四种方式,具体介绍如下。

1. 群员推荐

在社群新用户的来源中,较为常见的方式是群员推荐。群员推荐是指通过社交关系链来进行的用户增长,通俗来说就是已经在社群内的用户把社群推荐给还没有入群的用户,从而使其进入社群。群员推荐的优势在于,由于有熟人的存在,新入群的用户会天生具有对社群的好感度,也会比较配合社群的活动。劣势在于如果社群内不够团结,出现了拉帮派互相对峙的情况,推荐来的用户会第一时间进行站队,加剧群内氛围的恶化。

群员推荐是一个成本较低的新用户增长的方式,只需要做好现有群员的运营,自然就会有被推荐的新用户进来。但是让群员主动推荐用户进入社群是一个比较困难的过程,需要做大量的铺垫。在很多社群中,社群运营者会参考 AARRR 模型来搭建社群用户增长体系,逐步使得用户愿意推荐他人进入社群。

📖 **多学一招:AARRR 模型**

AARRR 是 Acquisition、Activation、Retention、Revenue、Refer 这五个单词的首字母缩写,分别是社群用户运营中的 5 个阶段。通过 AARRR 模型,社群运营者可以把自己的社群拆解为 5 个相对独立的环节,形成如图 4-1 所示的漏斗模型,从而清晰地知道自己当前的运营问题及工作重点。下面简单讲解一下 AARRR 模型中每一项的意义。

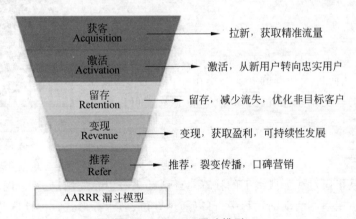

图 4-1 AARRR 漏斗模型

(1) 获取用户

运营一个社群的第一步毫无疑问是获取用户,也就是大家通常所说的获客。如果没有用户,就谈不上运营。

(2) 提高活跃度

获得用户后的下一步动作就是要引导用户完成"指定的动作"。如果一个用户进了群但不发言、不参与活动、不消费,那这个用户的留存率就会很低。所以社群运营者需要一系列的手法来提高用户活跃度。

(3) 提高留存率

有些社群在解决了活跃度的问题以后,又发现了另一个问题:用户来得快,走得也快。这是因为这个社群没有用户黏性。通常保留一个老用户的成本要远远低于获取一个新用户的成本,所以狗熊掰玉米(拿一个丢一个)的情况是社群运营的大忌。但是很多社群确实并不清楚用户为什么会流失,这就是个大问题。

(4) 获取收入

获取收入在很多社群运营中是最核心的一个目的。大多数社群运营者最关心的就是收入和用户新增,如果没有可持续盈利,社群也存活不了多长时间。如果用户能做到较高的留存率,慢慢地在社群中产生情感依赖,下一步就到了"种草"的阶段,形成复购。这样才能持续存活。

(5) 自传播

传统的运营模型到第四个层次就结束了,但是社交网络的兴起使得运营增加了一个内容,就是基于社交网络的病毒式传播,这已经成为获取用户的一个新途径。这个方式的成本很低,而且效果有可能非常好;唯一的前提是社群自身要足够好,有很好的口碑。

2. 推广渠道引流

推广渠道引流是指用户通过社群运营者布局的宣传推广渠道中的入群链接进入社群的方式。不同的社群类型有不同的推广渠道和引流方式,社群的推广方式将在下一章中重点讲述。图 4-2 是一篇社群引流文章的局部展示,扫码即可查看。

图 4-2　亿邦动力社群引流文章的局部展示

3. 自行搜索

有少量用户是源于自己的某些需求,在网上查找特定社群的联系方式,从而进入社群的。这一类用户占比极少,但却是积极性最高的一类用户,加以沟通交流,很容易就可以发展为活跃者乃至意见领袖。

4. 活动引流

活动引流是指通过线上或线下的社群对外活动来吸引新的用户进入,例如线上的直播、线下的沙龙等。在举办活动的过程中,可以通过宣讲、展示等形式宣传社群乃至直接将参与者拉入社群,因此活动引流也是一种较为直接便捷的新用户来源。

4.1.2　用户分层

用户分层的意义在于帮助运营人员将不同类型的用户进行分类,进而可以针对不同类型的用户制定不同的拉新策略。不同种类社群的用户可以有不同的分层方法,其中较为通用的方式是按照不同的忠诚度、活跃度和支持度对用户进行分层。一般可以将群成员分为核心成员、意见领袖、活跃者、参与者、僵尸群员五个等级,具体介绍如下。

1. 核心成员

社群的核心成员是指忠诚度、活跃度和支持度都极高，观念想法都和群主趋同，并且和群主有不错私交的用户。核心成员在很大程度上已经不只是成员，还肩负着不少群运营的工作，例如解答群员提问、约束群员行为、引导群内言论等。

核心成员也是群内人数最少的组成部分，一般低于5%。

2. 意见领袖

意见领袖主要指群内活跃度、支持度都比较高的用户，一般从发言较多且有较高群员认可度的人群中产生，除了个别刻意产生的意见领袖，大多数都是自发产生的，与群主没有直接和密切的联系。意见领袖往往可以带动群内言论和观点的发展方向，对社群发展有着不小的影响；如果有意见领袖公开反对群主的管理，很可能这个社群就会在极短的时间内土崩瓦解。

意见领袖的人数也相对较少，一般低于10%。

3. 活跃者

活跃者主要指在群内发言较多、参与活动较积极的群员。他们对于社群来说是主要的内容产生者和潜在忠实粉丝。用户的活跃度一般受自己个性和对社群认可度的影响，社群运营得好也很难把沉默的用户变为活跃者，社群运营得不好，则活跃者很容易就会变成沉默的用户。

活跃者在总人数中一般低于30%。

4. 参与者

参与者主要指社群中占比最高的用户部分，他们愿意参与社群内的部分活动，也偶尔会在群内发言。这些用户可能认可社群理念，也可能没有认可，但是不可否认的是他们是社群中潜力最大的用户群体，因为每一个参与者都有可能升级为上一级的成员，从而快速提升自己对于社群运营者的价值。

参与者人数占比往往不固定，取决于社群运营的质量。

5. 僵尸群员

僵尸群员是指在社群内既不参加活动也从不发言的用户，这些人可能是不认可社群价值的人，也可能是因为自身原因不愿意融入社群环境的人，甚至可能是群主为了让社群显得有人气而加进来的水军。这一类用户往往是在社群人员清理中第一时间被清理出去的用户，因为他们对于社群运营而言，只是单纯增加了运营成本，没有带来任何的收益。

多学一招：社群用户的其他分层方法

这里介绍较为简单的三种分层方式：属性分层、来源分层、行为分层。

（1）属性分层

属性分层主要指根据用户的地区、年龄、性别等基础属性进行分层。例如美妆类社群针对用户的年龄进行分层,推荐适合不同年龄段的款式,从而提高营销转化率。

(2) 来源分层

来源分层主要指通过对用户的来源进行分类的分层方法。常见的用户来源有朋友介绍、推广渠道引流、自行搜索等。一般可以通过问卷的形式来收集群员的来源,从而进行不同的运营。例如对于朋友介绍过来的用户,可以增加新老群员的互动引导,加快新群员融入社群的速度。

(3) 行为分层

根据用户某个特定的行为或某几个行为的特定组合区分用户的层级。例如在电商社群中,有过购买行为和没有过购买行为的用户一定要区分出来;在媒体类社群中,愿意转发群内容和不愿转发群内容的用户也需要区分出来,分开运营。

4.1.3 用户增长方法

知道了用户从哪里来和用户分层的知识后,接下来要做的就是如何吸引用户进入社群。吸引用户进群的方法众多,下面通过一个简单的划分(即核心成员和意见领袖划分为种子用户,活跃者和参与者还有僵尸群员划分为普通用户)分别来介绍一下如何进行用户增长工作。

1. 种子用户增长

种子用户最初是在产品领域使用,指的是在产品发展的早期非常积极地和产品进行互动,对这一款产品很认可,愿意提供反馈意见的用户。在社群领域,种子用户则是指能帮助社群运营者管理社群、提升社群质量和价值、对社群具有浓厚情感的用户,这里为了便于理解,将分层中提到的核心成员和意见领袖定为种子用户。下面来介绍一下种子用户增长的常见方法。

1) 身边的亲朋好友、同学同事

可以从身边关系较密切的亲朋好友、同学同事中寻找社群的目标用户,例如在朋友圈发送对社群的介绍,一旦发现有人对社群感兴趣,就可以立刻邀请他进入社群,但是不要逼迫对方进入社群,因为用户不喜欢该社群的时候,硬拉入群是不合适的。由于亲朋好友、同学同事对社群运营者本身就有情感联系,会主动帮助社群运营者分摊一些社群运营工作,所以从身边亲朋好友、同学同事中寻找种子用户是一个极好的方法。

2) 线下活动的参与者

一般社群的种子用户都有一些共同的需求,有共同需求和相似爱好的人更愿意扎堆。如果社群的种子用户是一些创业者,就可以去一些孵化基地、创业者沙龙去找到他们;如果社群的种子用户是产品经理,就可以举办产品经理的线下沙龙去找到他们。在他们中寻找出愿意配合社群工作的人,逐步培养为种子用户。

3) 寻找行业 KOL 入驻

KOL 本身粉丝黏性比较强,如果能拉到行业 KOL 的支持,有他们的推荐,他们的粉丝会快速进入社群并给社群提供建议。不过 KOL 也是一把双刃剑,如果 KOL 维护不好,在他的圈子里说社群的坏话,也会对该社群产生一些较大的负面影响。KOL 渠道的具体内容将在下一章中详细讲述。

2. 普通用户增长

普通用户增长方式多种多样,包括前文提到的渠道、推荐、活动、寻找等方式,只要成本在可控范围内,皆可以使用。甚至在用户增长较慢的时候,社群运营者会采取降低入群门槛、组织水军入群等方式,增加社群活跃度和流动性,在社群运营平稳后再将不符合社群属性的用户移除出群。

> **多学一招:种子用户的价值**

(1) 完善社群运营模式

由于社群建立之初,很多运营思路是没有经过验证的,社群的用户体验往往会无法得到保障,甚至有一些运营模式或运营思路,和用户预期相反。所以这时候肯定不能把这样劣质的社群一下子公布给大量的用户。否则,用户就会对这个社群评价非常差,以至于运营者可能后续再也没有机会去挽回这些用户。所以在社群早期的时候,运营者需要有这样一群宽容、热情且愿意和运营者互动反馈的人来帮助完善社群。

(2) 帮助新产品推广

对新产品直接花钱做推广的成本是比较高的,但如果该产品有种子用户,且有了一些口碑和经验的积累之后再去做推广的话,效果会更好。

相反,假如一个社群连运营者和早期的群员都不愿意去推广,那这个社群可能根本没有机会去直接接触到大众用户市场,因为早期用花钱的方式直接拉入大众用户会导致社群运营成本非常高,对应的推广成本及各方面的成本都会非常高,而且用户的流失率可能也会很高。

(3) 打造社群氛围

大多数互联网社群需要先有一部分用户来做好社群的价值供给和打造氛围,从而提升后续进入社群用户的体验。

4.2 用户培养

用户培养是指社群运营者通过情感的培养,使得用户对社群产生依赖感,降低用户流失率,从而使得社群运营者更有机会从他们身上获取收益。本节将通过用户情感阶段、培养用户情感两个部分来进行详细讲解。

4.2.1 用户情感阶段

用户情感阶段是指用户对社群的情感黏性(指用户对于社群的忠诚、信任与良性体验等结合起来形成的依赖感和期望值)的不同程度,它有很多种分法。下面重点介绍"认识-了解-认可-信任-依赖"这一区分阶段的模式。

1. 认识阶段

认识阶段顾名思义就是认识某个社群,隐隐约约对这一社群有印象,大致知道该社群属于什么领域。这一阶段的用户的情感黏性是最弱的,可能随时会离开,运营者需要加强灌输社群理念和社群优势。

2. 了解阶段

了解阶段是指用户对社群有所了解,知道社群的领域和功能,也知道这个社群的价值所在,但是这个阶段的用户不会喜欢上这个社群,也不会刻意去留意这个社群内的消息。在这一阶段,运营者需要主打"满足需求"牌,通过满足用户的需求,让用户慢慢地增加使用社群的时长。

3. 认可阶段

认可阶段是指用户已经完全了解社群的各项属性,并认可社群的价值观及社群对自己的帮助。这一阶段的社群成员已经对社群有了一定的情感黏性,不会轻易离开社群,他们会时常留意社群内的消息,对群主发的内容会认真阅读。此时社群运营者需要多留意这些用户的情感需求和反感内容,并适当修改社群运营策略。

4. 信任阶段

信任阶段是指这些社群成员已经完全对社群内的内容认可并积极参与其中的阶段。这一阶段的用户会高频率查看群内的消息,会仔细研究群内发布的内容;会把社群当作自己的朋友,从而主动维护这个社群;对群主发的资讯或商品链接也会高度信任,购买转化率较高。对这一阶段的用户,社群运营者不需要做太多的专属运营,只需要尽量不犯错即可。

5. 依赖阶段

依赖阶段通俗来说就是对这个社群"上瘾"了,不参与社群讨论和社群活动会使这阶段的用户感到不适。这一阶段的用户是维护群主权威的核心力量,就算群主犯了错误,这些用户也会帮他解释和开脱。对待这一阶段的用户,社群运营者要增加私下交流联络,通过高频率的交流维系住这种依赖关系。

4.2.2 培养用户情感

了解完用户情感阶段后,接下来的问题就是如何提升社群内用户的情感,下面介绍几种提升用户情感的常见方法和技巧。

1. 保持威信力

作为社群运营者,首先要做到赏罚分明、公平公正,对社群的管理不能长期受情绪的左右,对社群内的大小事件要有理智的判断和应对措施。

另外要牢记自己是领袖的身份,不能和社群用户用"您"或"劳驾"的模式交流。同时社群运营者要把距离掌控好,关系不能太密切,言多必失,而且太亲密的关系也会产生在违反群规后耍无赖的情况,这会导致社群运营者不再具备领袖的威严性;但关系不能太疏远,长时间不在社群内发言,会使得社群运营者的存在感偏低,和社群成员有隔阂,很难使社群成员对运营者产生好感。

2. 善用感情

在群体力量面前,逻辑的作用不如情感的作用。在微博上我们常常看到对于一些社会热点事件,假新闻引起了大量关注,群情激愤下辟谣的通稿反而无人相信。下面通过例 4-1 来帮助说明情感的价值。

例 4-1　沪江 CCtalk 的一次集赞活动

沪江 CCtalk 曾经举办过一个集赞类活动,但是当奖励结果出来后,突然出现一个参赛者指责主办方作弊,咬定获胜者是官方小号。主办方尝试了私信联络解释、拉取后台数据给对方等方式。对方一概不理,同时大量发帖号召他人抵制,导致很多网友开始附和,产生了较大的负面影响。

经过讨论,主办方把在工作微信群中关于这件事的苦恼讨论如实发出来,例如表示这次活动举办十分困难、领导也不支持、负责活动执行的人员为了奖品自己搭钱等;并且表示本活动以后不会再举办,同时向用户道歉。

随后大量的网友一边倒地站在主办方一边进行支持和安慰,还有很多网友出来大骂那个无理取闹的用户。这件事情不但解决了,甚至还加深了用户对沪江 CCtalk 的好印象。

3. 引导舆论

通俗来说,社群内的舆论引导就是把控群内的言论和话题的方向,这是管理社群所必需的成分。这里我们假设一个场景:小熊已经开始做硬笔书法社群了,但是新用户增长情况并不好,小熊想要去自己的学校群中发个广告,他把广告发在了学校的 QQ 群里,结果是长时间的无人回复。这对小熊来说是一次很失败的推广,但是这个失败与文案写得好不好及社群内容棒不棒并没有很大关系。核心的问题在于,没有人出来引导舆论。运营者如果要搭建社群,则必须在发表、要求、指挥社群时有人帮腔造势。如果运营者的社群里没有这样的成员,那就需要通过创建小号去建立相应的角色。

4. 不断举行活动

社群的生命力需要通过不断的活动来刺激。一个社群必须有适当频率的活动,无论是娱乐活动、发放福利、线下聚会还是话题讨论,一定要让社群内的用户在活动中活跃起来,提高其参与积极性。频率如果低到一个下限,社群很快就会面临消亡;频率如果太高,用户又会因为疲惫而使得活动效果降低。在 YY 公会还很火热的时候,可以看到一个频道里有很多人同时在线,他们的共同目标就是提升频道的人气值,他们的活动就是挂机。听起来很无聊,但这就是社群运营,在里面的每个人都要为了同一个目标动起来。

5. 给成员以角色

通过成员的一些发言或行为给他起外号或者根据能力特长给成员戴高帽(叫××帝、××神)等方法都是有效的角色定位。这种方法可以保证群成员的归属感。群成员会离散的最重要因素就是没有存在感。这就需要给予他一个不一样的标签或帽子,来保证他能够在群体中找到定位并持续依存。

6. 制造仪式感

仪式感本身是一种包含心理暗示的感知，制造仪式感就是将一件事通过系统化重复，赋予其仪式的意义。在社群内制造仪式感可以让用户快速融入社群氛围中，成为社群的一分子，也可以提升用户对于社群的认知和好感度。一般可以通过以下三个角度来设计社群中的仪式感。

1）固定的方式

社群运营者在每次吸纳新成员进群的时候，如果都采用一个固定的欢迎仪式，那这些仪式就会慢慢形成惯性，群里的其他用户会自然而然地参与进来。

2）固定的内容

通过固定的内容，可以让用户快速进入社群运营者制造的仪式中，例如每一次社群分享前，群主都会进行分享者的介绍和分享内容的介绍，久而久之用户看到这些内容就会想到知识分享。

3）固定的时间

固定的时间有利于让用户较快地形成习惯，例如一个666天早起习惯养成群规定每天6点～7点进行社群早起打卡，就是在固定的时间同时做一件事情，用户很快就会记住。

> **多学一招：培养用户情感时的6个关键性要素**

(1) 社交货币

由于基于社交网络而产生的商业模式日益多元化，"一切商业即社交"的理念被越来越多的人所接受，由此衍生出了一个全新的商业概念——社交货币。简单来说可以将它理解为在社交中的"谈资"。例如当人们讨论不到5厘米的微型手枪挂件可以射穿铁桶时，会对舆论起到一个翻转的作用，大众普遍想得知后续的报道。放到社群中，就是要不断地调整社群的运营规则，去迎合受众向身边熟人炫耀的需求，构建出他们渴望的形象。

(2) 诱因

如何能提醒用户想到社群的价值？用一些具有刺激性的事物瞬间激发人们的记忆，让他们想到相关的内容，这就是激活用户，这个具有刺激性的事物就是诱因。如同下雨联想到雨伞一样，通过引导舆论，设置诱因，让用户快速回想起这个社群并深入地讨论它，这就是影响用户的一个很好用的手法。

(3) 情绪

人的情绪往往是一个很好的提升好感的契机，例如在社群内给每人发100元的红包，用户就会一下子进入开心满意的状态，可以快速缓解之前积累的不满情绪，提高用户满意度。

(4) 公共性

公共性可以用俗语"有样学样"来形容。人都具有很强的模仿性，一个用户若是在社群内通过某些行为获得了奖励，其余用户如果也想要这个奖励的话，就会模仿这个用户的行为，来获得这个奖励。

(5) 实用价值

实用价值就是社群对社群成员的价值。如果社群内常常提供对用户有价值的内容，用户就会大力支持这个社群，甚至会主动帮忙进行口碑传播；反之如果不提供有价值的内容，用户会因为无所收获而离开社群。

(6) 故事

基本所有人都喜欢有趣的事物而拒绝枯燥乏味的事物,故事作为一个有趣的内容载体,往往很适合作为社群价值观的包装。通过包含社群价值观的故事的传播,用户会更快地接受和认可社群的价值观,从而提升情感黏性。

4.3 用户维系

用户维系指的是"怎么不让老用户流失"这一工作内容,用户维系的方法有多种多样,下面重点介绍一个较为常用且长效的方法——积分体系。

4.3.1 什么是积分体系

积分体系,又称为"虚拟货币体系",是一种通过平台补贴来提升用户忠诚度、为平台各项业务导流的运营手段。对于发展到一定规模的产品而言,积分体系对于保持用户黏性、维系用户忠诚度可发挥非常重要的作用。

建立积分体系的目标可总结为以下几点:
- 提高用户离开产品的门槛,提升用户忠诚度。
- 通过积分抵扣促进订单转化。
- 反哺平台其他业务,为平台业务导流。

4.3.2 如何建立积分体系

在积分体系建设中,有众多的要素环节需要设计和注意,下面针对常见积分体系设计中的要素进行讲解。

1. 积分设计

积分是平台真金白银补贴给用户的,做好成本核算无疑是头等大事。做成本核算前,我们需要先确定好积分货币比例,即 1 个积分等于多少钱。例如,某公司的积分货币比为 100∶1,即 100 个积分价值 1 元人民币。

2. 积分的获取

积分的获取来源通常是任务体系,根据任务属性可分为新手任务和日常任务。新手任务一般为引导用户完善信息、引导用户完成指定行为。日常任务大致可分为完成指定行为+参与社群活动+社群活跃+额外奖励。

3. 积分的消耗途径

积分的消耗途径主要有以下场景:
- 用户使用积分兑换对应商品/权益;
- 下单时使用积分抵扣部分商品金额;
- 超过有效期部分的积分扣除;

- 用户获取积分的行为失效时扣除对应积分,例如退货;
- 用户产生违约行为时后台扣除对应积分。

4. 积分抵现

积分抵现无疑是一种用户感知最强的营销手段,可抵现的积分价值也远超过一般积分。正因为此类积分的高价值,在设计积分抵扣规则时一定要做好风险把控,避免投机分子钻了系统漏洞。

下面以京东为例,讲述如何设置积分抵现规则:京豆抵现时限制了只能实名认证的用户可享受,保证了出现风险时可追究责任;下单时只有大于 1000 以上部分的京豆可抵扣,且每次最多抵扣订单金额的 50%,京豆数量必须是 1000 的整数倍。这样做的主要目的是抵制无成本刷单,并且设置抵现门槛,小于 20 元的商品无法抵扣,如图 4-3 所示。

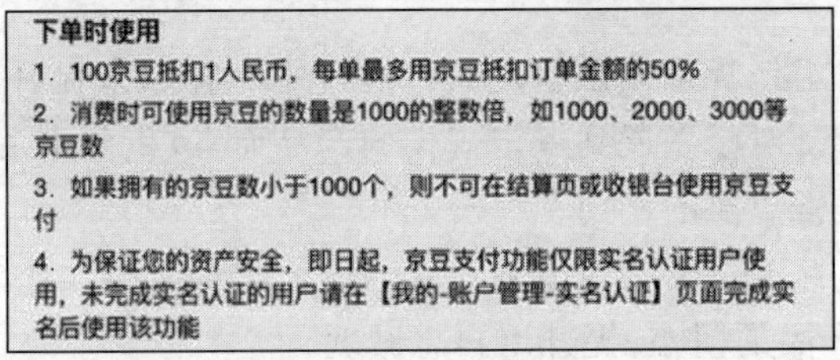

> **下单时使用**
> 1. 100京豆抵扣1人民币,每单最多用京豆抵扣订单金额的50%
> 2. 消费时可使用京豆的数量是1000的整数倍,如1000、2000、3000等京豆数
> 3. 如果拥有的京豆数小于1000个,则不可在结算页或收银台使用京豆支付
> 4. 为保证您的资产安全,即日起,京豆支付功能仅限实名认证用户使用,未完成实名认证的用户请在【我的-账户管理-实名认证】页面完成实名后使用该功能

图 4-3 京豆抵现模式

5. 积分的有效期

设置积分的有效期主要出于两个原因:

- 人对于可能失去的东西总会格外偏爱和珍惜,设置积分有效期一部分原因是刻意提升积分的价值感,通过过期提醒等方式来促进积分转化为订单。
- 成本控制。积分只要在用户账户中,对于运营者而言就如同一张张待兑换的兑奖券一样。如果没有有效期的限制,随着时间的积累,一些用户就会积攒出十分高额的积分余额,这时一旦这些用户集体进行积分兑换,运营者很可能就会无法及时提供兑换品,导致社群失信,乃至造成经济损失,这对于运营者而言是极其危险的。

积分有效期一般为一年,清理规则为在固定日期清理上一年用户获得的积分,例如 2016 年 12 月 31 日京东会清理用户积分(2015 年获得的京豆),清理前会有积分过期提醒。

6. 积分风控体系

风控体系是指积分系统中降低社群运营者分享的功能设计,下面举例介绍几个常见的风控体系工作内容。

1) 积分获取上限

在建立任务体系时可针对每个任务设置每日完成上限值(例如每日最多在社区评论 3 次,超过后不再奖励积分),同样也可针对每个账号设置每日积分获取上限值,超过上限时完成任务不再奖励积分。

2) 提前做好数据埋点

为实现实时监控用户账户的积分获取和消耗情况，可在产品开发前与产品开发人员沟通好进行数据埋点。数据异常时后台及时报警，这样可以及时止损。

3) 黑白名单

针对数据或操作异常的用户账号进行拉黑处理，拉黑后用户将无法获得积分，也无法使用积分进行兑换。

4) 人工后台干预

针对部分系统无法自动处理的场景，可在开发时预留积分更改接口，运营人员可在后台手动扣减/奖励用户的积分。

7. 积分商城

积分商城是积分兑换权益的载体，是积分体系不可或缺的一部分。目前市场上已经有非常多成熟的第三方积分商城解决方案，我们可以选择直接套用，也可以选择自己建立一套积分商城系统。

1) 第三方积分商城系统

第三方积分商城系统有现成的商品管理后台、前端页面可以直接使用，只需要打通部分接口即可，后期运营需要的兑换商品、商品配送甚至运营活动也可由第三方提供，这对于资源相对紧缺的社群运营者来说是一个不错的选择。

然而，使用第三方积分商城系统也存在着一定的风险隐患：

- 使用第三方系统意味着产品的部分用户行为数据会留存在第三方系统中，有数据被窃取、滥用的风险；
- 当第三方系统的服务、功能、活动不能满足运营需求时仍需要定制开发，开发周期一般较长；
- 一旦系统出现故障，运营者除了督促开发方尽快修复之外毫无办法，长时间未修复会造成自身产品的用户体验极差。

2) 自建积分商城系统

对于资源相对充足的社群运营者来说，不妨自己建设积分商城系统。积分商城并不会像电商系统那样复杂，而且一旦建立起来，今后其他产品线有需要时也可以直接复用。

4.3.3 积分体系的玩法

在建立完积分体系后，接下去的任务是不断地争取资源和上线更多花样的商品。下面介绍一些优质的积分玩法案例。

1) 京东签到

签到奖励积分是一个很常用的模式，但是京东在签到的基础上做了翻牌，如图4-4所示。翻牌可随机获得额外京豆/优惠券奖励，这种活动就好比买东西送了张刮刮乐一样，虽然不是什么大奖，但是会给用户带来非常强的趣味性和愉悦感。

2) 蚂蚁森林积分兑换

蚂蚁森林推出了一项积分兑换保护罩的积分活动，充分利用了用户害怕失去自己的能量，渴望能够有途径保护属于自己的东西的心理，如图4-5所示。

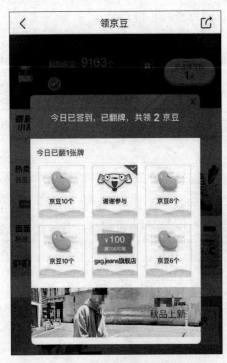

图 4-4　京东翻牌式签到页面　　　　　　图 4-5　蚂蚁森林积分活动

4.4　本章小结

本章主要从用户增长和用户培养两个角度讲解了社群用户管理的相关内容。

通过本章的学习,读者应该了解社群用户的分层、社群用户的情感阶段、社群积分体系的结构,并且掌握用户新增的来源与方法以及用户维系的方法。

第 5 章 社 群 推 广

【学习目标】

知识目标	➢ 了解社群推广的常见方法
技能目标	➢ 了解如何通过活动推广社群 ➢ 了解如何通过付费推广方式推广社群 ➢ 掌握如何通过免费流量平台推广社群 ➢ 掌握如何通过 KOL 引流推广社群

思政案例

【案例引导】

硬笔书法社群推广拉新

在第二期硬笔书法社群的运营末期,小熊发现自己现有的社群潜在用户数量严重不足,这会导致第三期可能达不到目标开群人数。因此小熊决定进行一些拉新活动,快速增加潜在用户数量。

首先小熊通过之前制作的硬笔书法用户画像,找出了硬笔书法用户较多的免费流量渠道:微博、知乎、贴吧、头条号、抖音。于是小熊做了如表 5-1 所示的推广计划。

表 5-1 硬笔书法社群免费流量渠道推广计划表

平台名称	内容计划	引流方式	运营权重	运营计划
微博	① 展示自己硬笔书法作品的图片 ② 展示自己硬笔书法技术的视频 ③ 转发关于硬笔书法的知识 ④ 参与社会热点讨论蹭热度 ⑤ 在其他书法相关的账号评论区互动,刷存在感	① 微博主页介绍中加微信号 ② 微博置顶内容为社群介绍及入群方式	高	前期以在同行大号下互动评论为主,有一定粉丝后再增加自身内容更新的频次
知乎	① 回答硬笔书法相关的问题 ② 展示自己硬笔书法作品的图片	在个人主页中放置社群介绍及入群方式	中	在保持回答质量的前提下,尽可能多地去答题,提高曝光率
贴吧	参与贴吧话题讨论	发帖介绍社群及入群方式	低	尽量少占用运营时间,能直接发广告就直接发广告

续表

平台名称	内容计划	引流方式	运营权重	运营计划
头条号	① 展示自己硬笔书法作品的图片 ② 展示自己硬笔书法技术的视频 ③ 转发关于硬笔书法的知识	① 在个人主页中放置社群介绍及入群方式 ② 发布社群介绍及入群方式的广告文章	中	优先推送数量,尽量保持日更
抖音	展示自己硬笔书法技术的视频	在个人主页中放置微信号、社群介绍及入群方式	高	固定角度和画面结构,拍摄写字过程,加上热门配乐,尽量保持日更

然后小熊去找了一位与自己一起练习硬笔书法的同学,这位同学有一个上万粉丝的公众号,内容主要为硬笔书法为主,是一位"小 KOL"。小熊争取到了这位同学的帮助,这位同学答应小熊在公众号上推送一篇介绍硬笔书法社群的软文。

此外小熊还研究了活动推广和付费推广的方式,经过分析发现,这两种推广方式的时间成本和资金成本都偏高,不是自己现阶段可以承受的,所以他暂时放弃了这两种推广方式。

经过一个月的推广,小熊吸引到了 32 位新用户,并且持续有新用户通过现有渠道联系上小熊,申请加入社群。

【案例思考】

社群推广不是所有社群必备的工作项目,例如一些客服群、售后群就不需要推广。在需要推广的社群类型中,不同领域的社群适合的推广手法各异,需要分析自己社群的用户画像,找到适合自身的推广方式和平台。本章将通过免费流量渠道推广、KOL 引流、活动推广和付费推广四个常见的推广方式来介绍如何进行社群推广。

5.1 免费流量渠道推广

免费流量渠道是指互联网上可以免费使用的拥有大量用户流量的网站、平台、机构等推广渠道。其中大多数渠道只需要开设账号即可进行推广,并且成本较低,因此适用性很强,尤其适合新手运营者使用。我们熟悉的绝大多数企业或机构都有使用免费流量渠道,例如开设微信公众号、微博、抖音等。免费流量渠道主要可以分为社交平台、内容平台、关系链三个部分,本节将对这三个部分进行详细讲解。

5.1.1 社交平台

社交平台可以使人们通过网络平台来进行社交,结识更多有相同兴趣爱好的人,并且通过这个平台来相互联系,是当下最为流行的社交方式之一。社交平台也是免费流量渠道中运营难度最低的类别,任何人都可以直接使用社交平台来推广自己的社群,但是相应地,它也是见效最慢、效果最平庸的类别。社交平台中常见的平台类型有论坛、问答、微博等,下面对这三种类型的社交平台进行讲解。

1. 论坛

论坛是最常见的社交平台类型,各行业都有不少专属论坛,相应的运营难度也较低。下面将从定义、特点、推广社群的方法三个角度来介绍论坛平台。

1)论坛的定义

论坛在这里指可以让人们进行实时的信息交流并发表议论的网站或平台。2000年前后,论坛随着互联网的发展如雨后春笋般出现并迅速地发展壮大。如今论坛的类别几乎涵盖了人们生活的各个方面,几乎每一个人都可以找到自己感兴趣或想要了解的专题性论坛。图5-1是现在网络上较为知名的论坛。

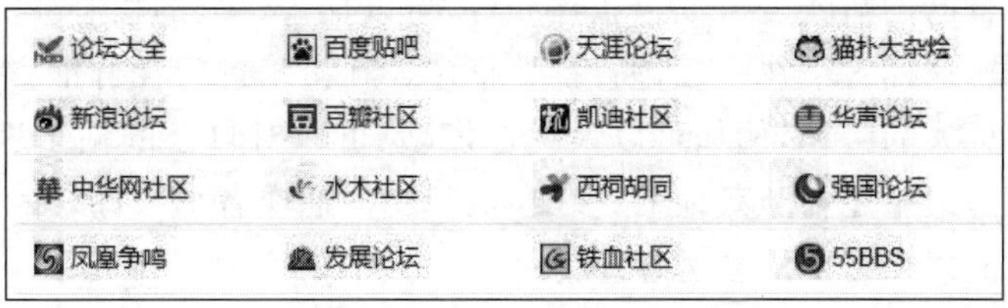

图 5-1 网络上较为知名的论坛

论坛一般可以分为以下两类。

(1) 综合类

综合类的论坛包含的信息比较丰富和广泛,能够吸引各种类型的用户来到论坛,但是由于覆盖面广,这类论坛往往存在着内容、运营不能做到全面和有深度的问题。

通常大型的门户网站有足够的人气、丰富的资源储备以及专业的团队,有了这些先决条件才能够把大型综合性论坛做大做强。对于小型规模的网络公司或个人搭建的论坛网站,很难有足够的资源和力量支撑起一个综合性论坛,所以更适合选择专题性的论坛形式。

(2) 专题类

相对于综合类论坛而言,专题类论坛更专注于某一类内容。专题类的论坛能够吸引很多志同道合的人聚集,有利于信息的分类整合和搜集。专题类论坛常常重度垂直于某个行业,例如购物类论坛、军事类论坛、情感倾诉类论坛、电脑爱好者论坛、动漫论坛等,这样的专题性论坛能够在一个单独的领域里做好精细化运营。甚至有的论坛为了获取到更好的用户体验,把专题拆分为一个个最小话题。

2)论坛的特点

论坛的特点可以归纳为以下几点。

(1) 论坛具有较高的精准用户流量,可以有针对性地为企业提供营销传播服务。

(2) 论坛话题具有开放性,各式各样的观点都会在论坛中出现,言论具有百花齐放、百家争鸣的特点。

(3) 论坛活动具有强大的聚众能力,论坛内有各类活动,例如踩楼、灌水、斗图、视频等,能调动网友与品牌之间的互动。

(4) 论坛内容具有很强的传播性,论坛内优质的内容会引发用户自行进行传播并展开持续的传播效应,最终导致传播的连锁反应。

(5) 论坛具有较强的网络关联性,不仅在相关网站或平台上能轻易找到论坛的入口和内容,在主流搜索引擎上也能够快速寻找到论坛内的帖子。

3) 在论坛中推广社群的方法

(1) 论坛账号信息广告

在论坛账号的个性签名里可以用简短的文字发布自己的联系方式或社群介绍,这是一个很好的推广方式。但是这个方式必须搭配账号维护工作,以避免被判定为广告号而封号。

账号维护工作包括信息的优化,即在注册论坛账号时一定要尽量完善自己的个人信息,如年龄、昵称、个性头像、个性签名等。因为完善的个人信息会使他人觉得有信任感,可以降低发社群广告被封号的风险。

账号维护的另一项主要工作是运营者需要定期地去维护论坛账号,尽量多地去论坛发消息和互动,提升自己的活跃度。如果条件允许,可以加入论坛的核心会员之中或者申请成为论坛的管理人员,这样对于在论坛进行社群推广("在论坛进行社群推广"在下文中简称为"论坛推广")会有极大的帮助,例如可以大胆地发帖、可以对自己的帖子进行加精置顶。除了在论坛活跃之外,最好还要与其他的论坛会员私聊沟通或者加入论坛的官方QQ群,加强交流与合作,便于向用户私发广告链接。

(2) 论坛推广软文

论坛推广中最主要的工作就是软文的制作和推广。软文是指软性文案广告,它是相对于硬性广告而言的,用唯美的语言将产品形象化,刺激阅读者的兴趣,进而使之产生消费的欲望。

现今软文已经成为企业或个人产品(包括社群)推广中一种很实用的方式,通过软文可以在达到广告效果的同时不引起太多的用户反感。相比于硬性广告,软文具有更好的宣传效果和用户体验,下面简单地介绍一下软文的知识。

写软文首先要选切入点,即如何把需要宣传的产品、服务或品牌等信息完美地嵌入文章内容。其次要设计文章结构,把握整体方向,控制文章走势,选好冲击力强的标题。另外还要完善整体文字,按框架丰富内容,润色具体内容。

接下来是在论坛推广软文。除了适合自身的类别栏目外,大部分论坛都会有灌水专区、杂谈之类的板块,如果找不到与自己所发布的软文相符合的板块,那么可以发布在这个板块里。如果论坛有广告专栏,那么广告性太强的软文更建议发布到广告区。

下面通过例5-1来了解一下简单的论坛推广中该如何发软文。

例5-1 小熊发在硬笔书法在线中的软文帖

小熊经过检索找到了一个叫"硬笔书法在线"的论坛,该论坛内用户不多,管理也不严格,所以小熊准备使用较为简单直接的软文来进行社群推广。帖子内容如下。

标题:

写硬笔书法的你,真的知道该怎么挑选适合自己的笔吗?

正文:

相对于学习毛笔字来讲,学习硬笔字更方便快捷一点,硬笔字用具的选用远不及毛笔字那么讲究,但也不能完全不讲究。俗话说"工欲善其事,必先利其器",选择好笔好帖往往能使初学者的学习事半功倍。

我一直认为,学硬笔字最好的选择就是钢笔而不是中性笔。首先,硬笔书法的起笔收笔有讲究,使用钢笔可以更好地控制起笔的角度、行笔的快慢和落笔的轻重,也更好出锋。

其次,中性笔的笔尖是一个圆珠,与纸张的摩擦力较小,写字时不容易控制。而钢笔写起字来阻尼感较强,更容易把握笔画的细节。

市面上钢笔的品牌极多,我极力推荐我使用过的3款钢笔:英雄616、英雄100、写乐长刀研。

以上仅是个人看法,有兴趣的朋友可以找我私聊,我的微信是×××××,此外我也有一些硬笔书法社群,欢迎来了解。

2. 问答社区

问答社区是近几年兴起的社交平台形式,如今已是一个较为火热的类型。下面将从问答社区的定义、问答社区的特点、问答社区的推广方法三个角度来进行详细介绍。

1) 问答社区定义

问答社区全称社交化问答社区,是介于论坛和传统知识平台(如百度百科)之间的问答类平台,也是一个公共的知识平台,它的价值在于重建人与信息的关系。问答社区以线上问答的形式来帮助用户解惑,弥补对隐性知识的即时搜索。问答服务将宽泛的词条扩展为明确问题,通过用户的不断修正,实现信息向知识的转化。

问答社区通过三大功能(关注话题、关注问题、关注一个用户的所有问答)来向用户展现各类知识,并通过信息类聚使人群建立社交关系。

多学一招:显性知识与隐性知识

显性知识又称明晰知识、外显知识,是指"能明确表达的知识",即人们可以通过口头传授、教科书、参考资料、期刊杂志、专利文献、视听媒体、软件和数据库等方式获取,可以通过语言、书籍、文字、数据库等编码方式传播,也容易被人们学习。它包括"可以写在书本和杂志上,能说出来的知识"。

隐性知识是迈克尔·波兰尼在1958年从哲学领域提出的概念。他在对人类知识的哪些方面依赖于信仰的考查中偶然地发现这样一个事实,即这种信仰的因素是知识的隐性部分所固有的。隐性知识和显性知识相对,是指那种我们知道但难以言述的知识。

2) 问答社区特点

(1) 用户文化层次高

提问源自于需求,解决需求的回答才会受到关注,这要求问答社区中回答问题的用户具有较多的知识储备。整体来看,具有较多知识储备的用户普遍文化层次较高。例如问答社区的典型代表知乎的粉丝构成是以高知、中产、白领、程序员等人群为主,用户素质高、学历高、经历多。

(2) 宽容度高

与传统知识网站相比,问答社区的容错率与讨论氛围更佳。传统知识网站(例如百度百科)的词条必须要有完整的、准确的定义,网友能够从百度百科的一个词条了解到一个完整的信息及其信息来源。而在问答社区中,回答不一定是完整的,甚至可以只是一个故事,仅作为一个答案参考,这些"不靠谱"的回答也可以展现出来。

(3) 良莠不齐的答案

问答社区就像一篇文章或一本书,无论长短,信息都埋在里面,需要由读者自己去分辨其中的优劣。当有人提问,其他用户集体讨论时,正确的答案和错误的答案都会出现,需要用户自行区分。

(4) 高效的社交

传统知识网站只能是单向的知识传输或简单的交流,例如可以查询历史事件的前因后果,但是往往不能得知各类专家对这件事的评价和该事件非主流的相关内容。而问答社区具有极高的互动性,用户可以随时沟通交流,详细了解问题的答案。

3) 在问答社区中推广社群的方法

在现有的问答社区中,知乎是典型代表,其他问答社区基本都和知乎的差异不大。所以这里以知乎为例,介绍一些运营方式和推广方式。

(1) 主页信息广告

完善主页信息是建立信任、体现权威的第一步。一方面可以达到宣传品牌的目的,另一方面是给用户期望值:你是谁、你是做什么的、什么问题可以找你。在主页信息里,网站等相关信息可以补充完善,信息准确简洁,用户可以迅速了解和记忆。如图 5-2 所示是某品牌的知乎账号,有详细的"自我介绍"来传达品牌文化,也有为公众号引流的相关文字。

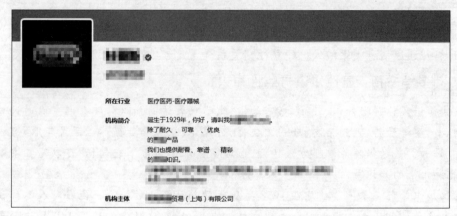

图 5-2　杜蕾斯知乎账号

(2) 蹭热点

知乎热榜和知乎热搜里的内容代表的是知乎用户关注度最高的话题,如果回答得快且好,可以快速吸引大量用户的关注和好感。图 5-3 和图 5-4 是知乎的热榜和热搜,这两个部分所展示的都是热门事件,也是用户流量的聚集区。

通过对热门事件的评论,可以快速吸引大量的用户关注,其中会有不少人翻看主页和以往回答,从而达到了传播社群的目的。

(3) 直接引流

直接引流其实就是最简单的推广模式,例如在回答完问题后,在最后一段编辑"更多内容可以加我×××联系方式进入讨论社群",从而吸引用户进入社群。

3. 微博

关于微博的介绍已经在第 2 章进行了讲解,此处不再赘述,重点介绍微博如何在微博上推广社群。根据推广社群的场景不同,在微博中推广社群的方法可以分为在自己微博中推

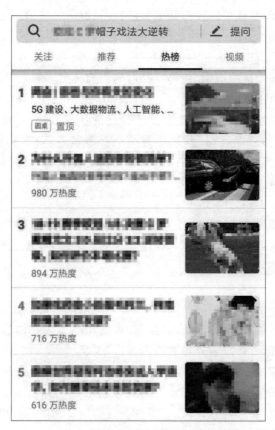

图 5-3　知乎热榜

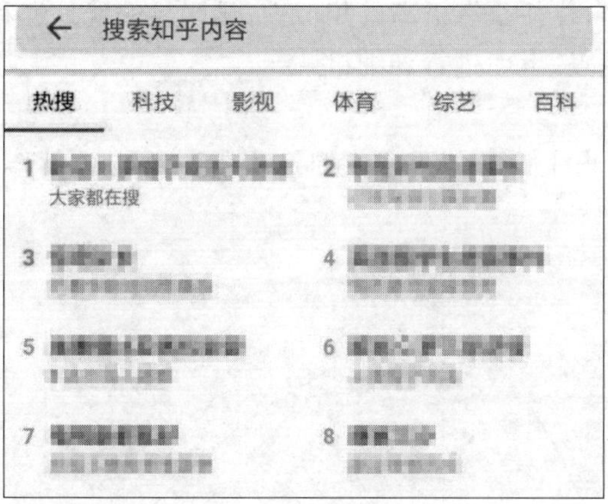

图 5-4　知乎热搜

广和在他人微博中推广,下面分别进行介绍。

1)在自己微博中推广

社群运营者可以在自己的微博中,通过推送社群相关的内容来吸引用户,例如社群组织的活动、社群中的讨论结论、社群中的知识分享等。推广社群内容的展现形式以图片加文字为主,也可以采用视频形式进行展示。例如小熊想在微博上宣传硬笔书法社群,就可以通过图片加文字的形式,展示群成员的优秀硬笔书法作品、群成员的知识分享内容等。

此外还可以通过蹭热点的方式提高推广社群内容的曝光率,即社群运营者可以为推广社群的内容加上微博热搜中的话题,并增加一些与该话题相关的内容,利用微博热搜中的话题在微博中具有更高曝光量的规则,使推广社群的内容被更多的人看到。

2) 在他人微博中推广

社群运营者可以在他人的微博评论区推广自己的社群,即在对他人的微博进行评论时植入社群推广内容,例如可以评论"我知道有一个社群是专门交流这类知识,加入方式是×××"。同时社群运营者需要尽量把评论内容写得更受欢迎,因为评论收获的点赞越多,显示的位置才能更靠前。

3) 评论互动

在其他同行的账号评论区进行评论互动,除了刷存在感还可以隐晦地打上广告。同时需要尽量把评论内容写得更受欢迎,因为评论收获的点赞越多,显示的位置才能更靠前。

5.1.2 内容平台

内容平台是指整合了众多内容创作者并拥有一定用户流量基础的平台。它是连接内容创作者和内容阅读者的桥梁,一方面让内容创作者的作品可以在内容平台上获得曝光和展示,另一方面让内容阅读者可以看到想看的内容。

内容平台是免费流量平台中的主流类别,所以想做好免费流量推广,运营好内容平台尤为重要。常见的内容平台有图文类、音频类和视频类三种。由于这三类内容平台的特点较为一致,故下面一起进行讲解,然后再逐一讲解各自的定义和推广社群的方法。

1. 内容平台的特点

互联网上的内容平台往往具有极高的相似性,最明显的就是红利曲线高度相似,且都有强者愈强、内容为王的特点,下面进行详细讲解。

1) 红利曲线相似

红利曲线是指一个平台从建立到完善的过程中对于内容创作者的机遇波动曲线,如图 5-5 所示。

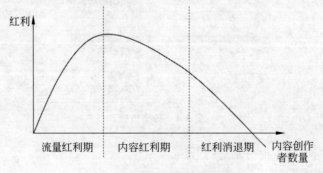

图 5-5 内容平台红利曲线示意图

(1) 流量红利

任何一个平台在刚建立的时候,由于内容比较少,所以会积极邀请一些知名创作者为平台提供内容。同时因为内容少,用户对于内容质量的要求相应会低,如果这时社群运营者进入平台,进行内容创作,就有机会很轻松地获得流量,这就是流量红利。

(2) 内容红利

当进入平台的内容创作者数量增多后,平台上的内容也会相应大幅增加,平台会慢慢进入内容和用户的"供求平衡期"。此时,流量红利接近尾声,创作者之间更多的是比拼内容的质量,质量越高的内容越会受到欢迎和关注,越容易获取粉丝,这就是内容红利。

(3) 红利消退

当平台"供大于求"的时候,阶层结构逐渐固化。一些优秀的创作者占有了平台上绝大多数的用户和平台资源,因为他们可以源源不断地输出一些优秀内容,会逐渐发生"虹吸效应",从同行手中掠夺用户,成为该类别下的"寡头"。这个时候除了平台可能发起的"补贴"活动外,整个平台已经没有红利,甚至因为内容创作者太多还产生了运营阻碍,新加入的内容创作者会举步维艰,难以发展。只有极个别新用户可以靠着内容或资源实现在这个平台上的崛起。

2) 强者愈强

当一个新的、在行业内没有积累知名度的创作者进驻到一个内容平台时,会发现很难做出成绩。这是因为不管哪个时期,平台的推荐机会都是有限的(由于页面和广告数的限制)。平台为了提高自身的吸引力,一定会重点推荐有名气、内容优秀的创作者,来吸引更多的内容阅读者进入平台,而不会推荐默默无闻甚至内容一般的创作者。这就使得"头部"创作者越来越受欢迎,"尾部"创作者持续无人问津。

同时对于营收来说,"头部"创作者的收入也占了整个平台的绝大比例。例如喜马拉雅、蜻蜓FM这样的平台,它们主推的都是那些大咖的节目,最好的曝光位置一直被少数名人的内容占据,一个爆款内容的销量可能就达到上千万。而普通创作者得不到足够的曝光,营收情况自然没法和"头部"创作者相比较。

"头部"创作者有了充足的资源补给后,会抓紧优化自身,提升竞争力,建立起"护城河",以保住自己的"头部"地位。而没有足够资源的创作者,面对"头部"创作者强大的竞争力,很难有超过他们的机会。

3) 内容为王

在新媒体时代,信息爆炸带来的信息过载让用户阅读某一个媒体的时间、精力急剧收缩,但这并不意味着用户对阅读质量要求的下降。相反,用户更希望把有限的时间花费到对自己有用的信息中去,对阅读内容容量和质量都有了更高的要求。这就导致了现在内容平台上用户对于内容质量的重视度越来越高,不管有多么优秀的运营、活动或包装,如果内容质量不佳,必定是无法长久吸引并留住用户的。

2. 内容平台的分类和对应的推广社群方法

内容平台通过不同的内容形式进行区分,可以划分为图文类、音频类、视频类三种平台类型。下面对这三种类型进行简单的介绍。

1) 图文类

图文类是指内容形式以文字加图片为主的平台,例如微信公众号、头条号、大风号等。这一类平台在诸多内容平台类型中占比最高,同时运营难度也最低。因此,运营图文类平台的内容创作者数量极多,每个行业的竞争都及其激烈。时至如今大多数的图文类平台都处于红利消退期,不建议新入行的、没有用户基数的社群运营者通过图文类平台推广社群。

在图文类内容平台推广社群,核心是"把社群内 100 人的互动做给群外的 10000 人看",即将社群中进行的火爆活动、优质分享等展示给内容平台上的用户看。因此社群运营者需要将这些活动、分享等整理为图文内容,并附上加入社群的方法,发至内容平台中,从而吸引对这些图文内容感兴趣的用户加入社群。例如图 5-6 是壹伴公众号推送的社群推广图文链接,其中可以看到通过很多的群内场景模拟和社群功能介绍,来吸引用户加入社群。

图 5-6　壹伴公众号推送的社群推广图文链接

2)音频类

音频类是指类似于广播电台的内容平台形式。随着社会上人均通勤时间(上下班路途上的时间)的增加和对学习知识需求的提高,首先是广播电台迎来了回暖,接着有声读物快速兴起,而后音频类内容迅速走红。近两年,知识付费、网红经济等风口促使音频平台快速发展,逐渐成为一个用户数量稍少但忠实度很高的领域。图 5-7 是当下较为常见的音频类内容平台。

图 5-7　当下较为常见的音频类内容平台

当下音频类内容最知名的是喜马拉雅 FM、荔枝 FM 和蜻蜓 FM 三个平台,虽然它们的发展侧重点稍有不同,但是对于社群推广来说,适用的方法基本是一致的。

一般音频平台上的推广方式都是以干货分享为主,在音频的片头、片尾植入广告,在个人主页和专辑上也可以植入广告。在音频类内容平台上做社群推广的模式较为单一,所以内容会尤为重要,通过优质的内容,吸引更多的用户前来关注,从而提升广告的曝光率。

3)视频类

视频类内容顾名思义就是以视频形式为主的内容平台,主要分为长视频、短视频、直播 3 个子类目。图 5-8 是 APP 市场中排名靠前的视频类内容平台。

(1)长视频内容平台

长视频内容平台是指视频类门户平台或视频集合类平台,例如腾讯视频、优酷视频、爱奇艺、B 站等。运营者在通过长视频推广社群时,主要方法为在视频的片头、片尾、片中插入宣传社群的广告,例如在片头中写明"本视频由××社群提供",在片中偶尔在画面的右下角出现入群的联系方式,在片尾显示入群的二维码。

图 5-8 应用宝"视频"分类截图

（2）短视频内容平台

短视频内容平台一般为短视频社交平台，例如抖音、快手等。短视频内容一般为单个视频都在一分钟以内，属于填充式消费，用户常常用短视频来填充自己的碎片时间。在短视频内容平台推广社群的可选形式较多，可以归纳为以下几种形式。

- 在个人主页添加联系方式或入群链接；
- 通过知识分享来吸引用户；
- 展现社群内有趣搞笑的内容；
- 策划社群相关的剧情性短片；
- 社群或社群成员的 vlog（视频网络日志）；
- 拍摄社群相关产品或作品。

（3）直播内容平台

在实际生活中，大家都看过直播，例如游戏直播、电商直播。运营者想要在直播中推广社群，主要方法为口头推广和画面推广。口头推广是指直播者在直播中直接介绍社群，并告诉观看者如何进入社群；画面推广是指在直播画面中植入社群的介绍或进入社群的方法，例如在电商直播中，我们往往可以看到画面的角落里有一个二维码，并有"扫码入群领取优惠券"字样的说明，这就是通过在直播画面中插入广告的方式吸引用户加入社群。

5.1.3 私域流量平台

私域流量是指运营者可以自由反复利用、无须付费、又能随时触达，被沉淀在微信群、个人微信号、QQ 空间、朋友圈等自媒体渠道的用户。相对社交平台、内容平台这些公域流量平台,它属于运营者"私有资产"。

通过私域流量平台进行推广,更具有传播的高效性和转化的高成功率,是免费流量渠道中推广效率最高的渠道。下面通过社群和朋友圈这两个较为典型的关系链渠道来介绍如何利用关系链推广社群。

1. 社群

这里的社群不只是运营者自己的社群,还包括了其他运营者加入的社群,只要运营者在其中,这个社群就可以作为私域流量渠道进行社群推广,常见的推广方式有以下几种。

1) 社群内推广

运营者或者运营者委托目标社群群主在目标社群内发送社群链接或软文,直接吸引有兴趣的用户加入社群,这是最简单高效的方法,但是一般高质量的社群都不会允许随意发布广告,发布者会被移除社群。

2) 暴粉推广

暴粉推广是指私下"暴力"添加社群内的每一个人为好友,通过私聊向他们推广社群。暴粉推广具有隐蔽性,不容易被社群群主发现,但是工作量较大,需要较多运营时间。

3) 社群合作

社群合作是指通过与目标社群的群主进行达成合作,让该群主帮助运营者推广社群。这类推广方式常见于社群互推组织,互相分享自己的用户。

2. 朋友圈

朋友圈推广近似于微商的商品展示销售模式,通过产品(社群)的展示和引导,让用户自行进入社群。通常的形式为一段有感染力的文案,加一个链接或者海报。图 5-9 是一个英语培训社群的推广案例。

从图上可以看到,文字部分首先抛出了"英语不好,因为词汇量太少"的问题,然后推出"'万人万词'词汇速记计划"来解决问题,紧接着给出入

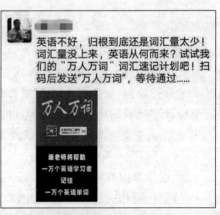

图 5-9　某英语社群推广信息

群方式。这样标准的"三段论"推广文案是被普遍使用的方法,也是一个效果不错的方法。从文字下方的海报可以看到,整体结构和颜色非常抢眼,通过颜色的反差突出关键字并利用暖色调配色来增加吸引力,因为在绝大多数情况下,暖色调比冷色调更有吸引注意力的作用。

5.2　KOL 引流

通过 KOL 引流至社群也是社群推广中的重要手段,KOL 往往有着很大的私域流量,并且这些流量对 KOL 的忠诚度一般较高。通过 KOL 所做的社群推广,这些私域流量中的用户会大量进入社群中。KOL 引流比免费流量渠道引流会高效很多,但是相应的成本也会

高很多。本节将从了解 KOL、KOL 选择、和 KOL 合作的建立及维护、KOL 的使用方法四个角度来讲解 KOL 引流。

5.2.1 了解 KOL

下面将从 KOL 定义、KOL 的特征、KOL 的分类、KOL 引流的逻辑四个角度来介绍 KOL 引流的基础知识。

1. KOL 定义

KOL(Key Opinion Leader,关键意见领袖)是一个营销学上的概念,通常被定义为:拥有更多、更准确的产品信息,为相关群体所接受或信任,并对该群体的购买行为有较大影响力的人。

2. KOL 的特征

KOL 作为当下较为火热的概念,其本身具有以下五个特征。

1) 专业度高

KOL 对自身所处的行业一般较同行有着更为深入的了解,有更广的信息来源、更多的知识、更丰富的经验和人脉。因此在行业内,KOL 发表的信息往往有着更大的话语权和可信度。

2) 善于社交

KOL 一般较常人更合群和健谈,他们具有极强的社交能力和人际沟通技巧,且积极参加各类活动,善于交朋结友,喜欢高谈阔论,对他人有强大的感染力。

3) 快速接受新事物

大多数 KOL 的观念较为开放,接受新事物快,关心时尚、流行趋势的变化,愿意优先使用新产品,他们往往是各类新产品的第一批使用者。

4) 粉丝多且忠实

KOL 身边往往汇聚着大量的粉丝,例如微博上的大 V 动辄几十上百万的粉丝量。这些粉丝被 KOL 的观点、行为或魅力所吸引,拥有较强的忠实度和信任度。KOL 的指令会得到高效的执行。

5) 影响力大

由于 KOL 的粉丝众多,且信任度高,其发出的声音或观点往往会在短时间内快速传播扩散,有时还会突破行业圈层的限制,扩散至整个网络,对网络环境产生巨大的影响。

3. KOL 的分类

在 KOL 之中存在层级之分,常见的是分为顶级 KOL、细分垂直 KOL、达人用户三个类别,如图 5-10 所示。

处于金字塔顶部的顶级 KOL 占比不到 20%,却占据了市场投放的 80% 以上广告资源。他们的优势是能够迅速帮助品牌提高知名度,品牌还可以借势做许多后续宣传,转化变现。相应地,他们的广告费也是极其高昂,甚至一个顶级 KOL 的收入超过了一个中小型广告公司。

垂直细分 KOL 和达人用户的广告费则相对低一些,但是传播效果也相应差一些。

图 5-10　KOL 金字塔分层

4. KOL 引流的逻辑

KOL 引流的核心本质就是把原本"用户-社群"的单向转化关系变为"产品-KOL-粉丝"的循环关系，从而增加用户进群的渠道，如图 5-11 所示。

从图 5-11 可以看出，粉丝（用户）订阅 KOL，接受 KOL 的内容推广，而社群和 KOL 进行合作，让 KOL 给自己推荐粉丝（用户）和帮助自己推广社群，从而使得粉丝（用户）被社群所吸引并进入社群。

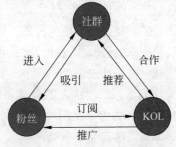

图 5-11　KOL 引流逻辑图

5.2.2　KOL 的选择

KOL 引流的第一步是找到 KOL，只有找到了合适社群的 KOL，所做的引流工作才会事半功倍；不适合社群的 KOL 则会导致事倍功半。KOL 的选择分为挑选 KOL 的标准、KOL 的来源两个部分，下面进行讲解。

1. 挑选 KOL 的标准

挑选 KOL 的标准可以分为不可量化标准和可量化标准，区分点在于其中的数据是否可以量化，从而进行对比。下面来详细进行介绍。

1）不可量化指标

不可量化指标主要包含情感类和行为上的要求，如以下两种。

（1）KOL 要活跃、情商高、三观正、与粉丝关系亲近

这样的 KOL 具有较高的粉丝黏性和粉丝质量，能避免一些会危害社群氛围的人进入社群。

（2）KOL 专业度高、号召力强、积极配合广告活动

和这样的 KOL 合作会有较高的广告效果及转化率。

2）可量化指标

可量化指标是能看得见数据、可以进行对比分析的要求。明确了具体数值的可量化指标往往作为挑选 KOL 的最低标准，如以下这些数据项。

- 粉丝数：该 KOL 拥有的粉丝数量。

- 阅读量：该 KOL 单篇推送的阅读（或播放）数量。
- 点赞量：该 KOL 单篇推送的被点赞数量。
- 评论量：该 KOL 单篇推送的被评论数量。
- 转发量：该 KOL 单篇推送的被转发数量。
- 其他广告转化率：该 KOL 以往广告活动的转化情况。
- 内容更新频率：该 KOL 推送内容的频率（如一周七次）。

2. KOL 的来源

在寻找 KOL 的过程中，社群运营者往往可以通过以下来源进行寻找。

1）现有的关系/平台

社群运营者可以在自己的朋友圈、社群中筛选；有条件的社群运营者还可以在自己网站、论坛、APP 中筛选。这个来源是最简单的 KOL 发掘来源，因为 KOL 和社群运营者有直接的联系，相对比较容易沟通交流，其中大多数人也愿意帮助社群运营者维护社群。

2）竞品

从竞品中挖掘是一个精准定向的 KOL 来源，不过要谨慎选择，降低自身法律及公关风险。同时社群运营者也要尽力服务好这些 KOL，因为他们的忠诚度较低，如果社群运营者的服务不佳，这些 KOL 随时有可能会离开。

3）社交平台

社交平台是一个比较主流的寻找 KOL 的途径，尤其是在微博、小红书等以 KOL 为核心的平台上，可以轻易找到社群运营所需的 KOL。

5.2.3 和 KOL 合作的建立及维护

KOL 引流的第二步是建立合作并维护好与 KOL 的关系，分为如何与 KOL 建立良好的合作和常规维护两个部分。

1. 和 KOL 建立合作

一般来说，社群运营者和 KOL 建立合作需要有以下三个协商要素。

1）自报家门

社群运营者需要尽快让 KOL 了解社群内的各项信息和社群的运营模式，让他快速融入进社群。

2）加以夸赞

每个人都喜欢被别人夸赞，KOL 也不例外。找出 KOL 最大的特点或其内容的亮点来夸赞，这会让这些 KOL 觉得社群运营者是认真了解过他的。

3）合理的合作条件

社群运营者在谈合作的时候，提出的合作要求一定要合情合理，需要尽量平衡双方的权利和义务，以免引起 KOL 反感。

2. 常规维护

常规维护是指和 KOL 在正常的合作期间保持较为密切、友好的关系，不同的行业和

KOL 类型有不同的维护方法,例如影视器材公司会给所属的 KOL 提供设备、餐饮行业会为所属 KOL 提供免费试吃等。

常规维护中最重要的是,要尽力满足 KOL 所提的合理需求,最大化地帮助 KOL 进行推广,在保持 KOL 忠诚度的同时,尽量从 KOL 的渠道中获取到最大的收益量。

5.2.4　KOL 的使用

KOL 的使用即让 KOL 帮助推广社群,一般的合作方式有:社交平台的图文及视频推送、直播、线下活动站台等。下面简单地讲解一下这些方式。

1. 社交平台的图文及视频推送

这是指让 KOL 在自己主营的社交平台上推送图文或视频来推广社群,如图 5-12 所示。

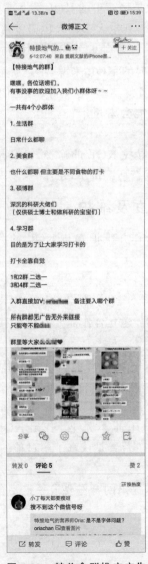

图 5-12　某美食群推广广告

从图 5-12 可以看出，该博主通过文字和社群截图的形式吸引用户加入社群。

2．直播

直播指让 KOL 通过直播的形式吸引用户加入社群，如图 5-13 所示。

图 5-13 是一个社群推广直播的画面截图。从画面上可以看出 KOL 在直播画面中进行分享，社群管理员在评论区推送入群二维码，吸引用户加入社群。

3．线下活动站台

线下活动站台指社群运营者邀请 KOL 参与社群组织的线下活动，并通过 KOL 的影响力吸引更多的人来参加活动，如图 5-14 所示。

从图 5-14 可以看到，该摄影群邀请了 KOL 参与线下活动进行知识分享，通过活动宣传来吸引更多的用户加入社群。

图 5-13　某公司进行的社群推广直播画面

图 5-14　记录某个摄影社群线下活动的微博

多学一招：KOL 推广的 4 个小技巧

（1）重点投放人格化自媒体

在 KOL 选择上需要把注意力重点放在人格化程度高的 KOL 身上。通常来说人格化程度越高，该 KOL 的用户黏性、带货能力、留言互动就会越强，而资讯整合类、信息分享类的 KOL 的用户黏性、带货能力、留言互动就会稍弱。

（2）优化"种草文"结构

产品带货重点需要"种草文"的辅助，而良好的"种草文"结构能够有效带动产品的吸引力，放大产品特点实现用户认同。种草文的经典结构分为三个部分，分别为推荐选择理由、产品功能介绍、优惠信息传达。除此之外，还需要图文并茂的整体观感，若有一点缺失都会对整体转化有明显影响。另外,"种草文"通常会以一种产品合集推荐的形式呈现给用户,因此转化的"潜规则"就是在执行的过程中需要尽快定稿确认,以便与 KOL、渠道争取到优先推广位置,获得最佳的曝光转化效果。

(3) 评论区控评引导

如今,用户在观看完 KOL 的主体内容后还习惯查看相关留言评价,而用户自发的留言会很大程度上影响其他用户的购买决策。因此,KOL 投放不能只当作一次投放,投放后的舆论引导、评论运营优化也需要加以重视。在实操过程中,社群运营者往往需要自己准备优质内容留言,提前与 KOL 博主做好相关沟通,这样才能在评论区占领舆论优势。

(4) 实时用户舆情监控

用户留言具有滞后性,因此品牌方在推广过程中需要经常性地监控,以发现用户的潜在购买难题,特别是针对一些黏性强的中型 KOL 粉丝以及用户画像稍有错位的 KOL 粉丝,他们往往只需要"临门一脚",就能实现高转化。在执行上,团队需要每日总结相关数据、查看新增留言、持续优化内容,并通过留言来寻找产品结合点以便二次传播。

5.3 活动推广

活动推广即以推广社群为目的,通过线上或线下的活动,使用户在参加活动的过程中对社群产生兴趣,从而加入社群的推广方式。本节将通过线上及线下两类不同的活动类型来进行讲解。

5.3.1 线上活动

线上活动是指通过网络渠道进行活动从而推广社群、招收新群员的形式,它一般都具有时效性,不是长期进行的。常见的线上活动有入群送礼、转发送礼、邀请奖励等,具体介绍如下。

1. 入群送礼

入群送礼是指每一位进入社群的成员都可以领取礼物(实物、虚拟礼品或抽奖的机会),并通过海报、图文等形式进行宣传,促进用户加入社群的活动形式。该活动适用于用户价值较高的社群,因为这样才能维持收支平衡。

例如某网红的"好物推荐"粉丝群(指通过自身影响力进行电商销售的社群),入群即可领取 10 元商品代金券。其背后是该网红通过降低自己的单品收益,来换取用户的新增和好感度。

2. 转发送礼

转发送礼是指群内成员转发指定的推广材料(包含链接、海报、文字等内容)给好友或其他群,截图交由社群运营者审核,审核通过者可以获得奖品的活动形式。该活动适应性比较普遍,不过在进行这类活动的社群中,一般用户的价值不会太低,否则也容易发生亏损。

例如教育行业中常见的"打卡群"就是类似的模式:坚持每天把打卡的海报或链接转发到朋友圈,在活动结束时就可以全额退还学费,还有机会领取别的奖励。

3. **邀请奖励**

推荐奖励是指通过给予社群成员一定的奖励或福利,引导他们把自己身边的亲朋好友加到社群中来。

从心理学的角度进行分析,社群属于陌生人社交,每一个新进入社群的人都很难马上对社群产生信任感。而如果有熟人的引荐,新成员则会立刻产生对社群的信任感和好感,有利于产生心理上的安全感。

要做好推荐奖励的模式,社群运营者需要搭建一个完整的推荐加人的机制,如图5-15所示。

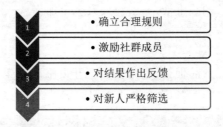

图 5-15 建立完整的推荐加人机制的四个方面

(1)确立合理规则

推荐奖励的核心是一个完整的奖励规则,通俗来说就是当一个社群成员拉了多少人后可以获得多少奖励。例如小熊的硬笔书法社群,老用户每推荐一位新用户进入下一期的社群,就可以得到5.9元的红包奖励。

(2)激励社群成员

社群的氛围对社群成员的影响是很大的,如果一直有人在邀请身边的熟人加入社群,那其余的社群成员也会受到感染,去拉熟人入群。如果发布了奖励规则但是没有人做到,那这个规则就等于作废了,即使是有想法拉人的人,看着其余人无动于衷,也会趋于选择不拉人。

所以这时凸显出了社群有核心用户的重要性,社群运营者可以让核心用户持续不断地邀请新用户进入,起到表率作用。

(3)对结果作出反馈

此处不仅是要对成功完成拉新任务的社群成员进行奖励,也需要对有意愿拉新但是因为种种原因没有拉新成功的社群成员进行鼓励。另外,如果有恶意拉新的行为,也需要对该用户进行批评和惩罚。

(4)对新人严格筛选

推荐奖励机制的核心是自动邀请制,在这种情况下,被拉来的用户良莠不齐,甚至可能都不是社群的目标用户。这时就需要社群管理者对新入群用户进行把关,筛选出不符合入群要求的人加以限制。另外,还应该规定,每一个社群成员都需要为自己介绍入群的成员负责。

📖 **多学一招:活动冷启动**

在平时的工作中,设计线上活动时常常会提到"冷启动"一词。冷启动是活动启动期的一种运营模式,和热启动相对,核心的区别为热启动有搭配推广费用,冷启动则是零成本运营。

5.3.2 线下活动

线下活动形式多种多样,不同领域也有不同的模式,下面介绍两个较为通用的形式。

1. 会展/沙龙活动

在会展或沙龙活动中,运营者通过大屏幕或其他展示位置宣传社群并发布入群方式,在场的用户由于环境氛围的影响,做出入群动作的人数会超过一般情况下入群的人数。如果此时能加以"入群后发红包"的线上活动,引流效果会更加好。

2. 扫码送礼

扫码送礼更多的是搭配产品促销活动,在线下开设临时促销站点、销售产品的同时,扫码入群即可领取实物奖品。图 5-16 所示就是类似的场景。

图 5-16　线下扫码送礼场景

这个模式还可用于给企业公众号引流,例如我们常常可以看到在各种店铺、展厅、车辆上看到扫码关注公众号即可领取奖励。

5.4 付费广告推广

除了上述三种方法之外,还有一种直接花钱买曝光量的方式,通常称为付费广告推广。简单来说就是社群运营者作为甲方提供内容,广告推广者作为乙方负责宣传。社群运营者在进行付费广告推广时,需要先选择平台,再选择投放模式,最后对投放进行设置,本节将通过对这三个步骤的介绍,来讲解如何进行付费广告推广。

5.4.1 选择平台

进行付费广告推广的第一步是找到适合自己投放广告的平台,并通过平台上的客服功能联系上平台的工作人员,以便于展开下一步的推广。在实际工作中,有大量的广告推广平台可由社群运营者进行选择,常见的包括广点通、微博广告、百度联盟等,下面对这三个平台进行简单介绍。

1. 广点通

广点通又名腾讯广告,是由腾讯开发,基于腾讯社交网络体系的广告平台,适用于用户主要为腾讯产品使用者的社群运营者。通过广点通,社群运营者可以在QQ空间、QQ客户端、微信、QQ音乐客户端、腾讯新闻客户端、腾讯视频客户端等诸多平台投放广告,进行社群推广。简而言之,广点通可以让社群运营者在腾讯的产品体系中推广社群。

2. 微博广告

微博广告是由新浪开发,基于新浪微博的广告平台,适用于用户主要为新浪微博使用者的社群运营者。通过微博广告,社群运营者可以在新浪微博中投放各类广告,进行社群的宣传。微博广告的形式包括超级粉丝通、粉丝头条、WAX(Weibo AdExchange,广告交易平台)、DMP(Data Management Platform,数据管理平台)等,社群运营者需要根据自身情况选择微博广告中的广告服务。

3. 百度联盟

百度联盟是由百度开发,基于百度搜索引擎的广告平台,适用于有较为成熟的品牌或公司,且用户为百度产品使用者的社群运营者。通过百度联盟,社群运营者可以在网盟、百度搜索、hao123、聚屏等平台投放社群广告。

运营者需要根据自身社群发展情况,和社群的目标用户属性,选择适合自己的广告平台。

5.4.2 选择模式

在选择完平台后,社群运营者需要和平台工作人员商讨确定推广的模式。推广社群常用的精准投放模式有CPA、CPM、CPT和CPC,下面分别进行介绍。

1. CPA

CPA(Cost Per Action)含义为按每行动成本计费的广告形式。CPA是一种按广告投放实际效果计价方式的广告,即按每个成功完成有效的登记或注册来计费,有效的登记或注册包括填写问卷、报名活动、注册账号等。这一模式常用于入群门槛较高的社群拉新,或者是出于某些目的而需要收集新入群的用户信息的场景。

2. CPM

CPM(Cost Per Mille)含义是按每千人浏览计费的广告形式。CPM是一种展示付费广告,只要每有一个用户看到展示的广告内容,社群运营者就需要为此付费。这个模式我们也常称为按曝光量计费,曝光量越大,收费越高。这个模式常用于较大型社群的知名度宣传工作中。

3. CPT

CPT(Cost Per Time)含义是按广告持续时长计费的广告形式。CPT常见于贴片广告和首屏广告,例如国内很多的网站都是按照"展示一个星期多少钱"这种固定收费模式来收费。这个模式较为通用,任何社群皆可以使用。

4. CPC

CPC(Cost Per Click)含义是按用户的点击次数来计费的广告形式,例如百度竞价广告就是这种模式。这种模式常用于"社群优质,广告质量高,但宣传力度不足"的场景,因为社群优质、广告质量高能确保用户点进广告页后会有较高的转化率。

5.4.3 投放设置

在确定广告推广模式后,运营者还需要根据自身需求和实际情况,自行或者让广告平台工作人员设置广告的展示形式、广告投放的地区、广告投放的人群(即设置性别、年龄段等属性)等要素,最终将广告发出。

5.5 本章小结

本章主要讲解了社群推广的相关内容,包括免费流量渠道、KOL引流、活动推广和付费推广四个部分。

通过本章的学习,读者应该了解如何通过活动和付费推广方式推广社群,并掌握如何通过免费流量平台和KOL引流推广社群。

第 6 章 营销转化

【学习目标】

知识目标	➢ 了解社群营销转化的广告合作模式 ➢ 了解社群营销转化的任务分发模式 ➢ 了解社群营销转化的团购中介模式
技能目标	➢ 掌握社群营销转化的商品销售模式 ➢ 掌握社群营销转化的知识付费模式 ➢ 掌握社群营销转化的会员收费模式

思政案例

【案例引导】

硬笔书法社群销售转化

小熊在前两期硬笔书法社群周期结束后,对这一社群运营模式已经有了一定的经验积累,他觉得时机已经成熟,计划开始销售硬笔书法配套的纸笔(第 2 章中提到的"梦辰"牌硬笔书法纸笔类产品)。

首先小熊从合作方处索取了专属的购买链接,以便于后续分润统计。然后在刚刚结束的第二期社群中,进行了一个关于"如何选择纸笔"的分享,在分享后给出了"梦辰"牌硬笔书法纸笔类产品的购买链接。一天后小熊统计销售情况,发现销量非常不错,已经成交了十多单。

完成了销售尝试的小熊进一步扩大了销售广告的推广力度,在自己的其他几个社群中也进行了推送,获得了不错的销量。

【案例思考】

社群的营销转化通俗来说就是通过社群运营来实现盈利,在"以营利为目的"的社群中,如何做好营销转化运营是社群运营工作的重中之重,也是最难的运营部分。本章将通过不同的盈利模式来介绍对应的营销转化运营方法。

6.1 商品销售

社群营销转化中最常见的方式就是商品销售,也是最直接的营销转化方式,无论是销售实体商品还是虚拟商品都属于商品销售。本节将通过商品、服务、数据三个维度来讲解商品销售的社群营销模式。

6.1.1 商品维度

商品维度包括了商品销售中和商品本身相关的各项内容，在工作中可以分为商品选择、商品展示、商品宣传三个工作模块，下面进行详细介绍。

1. 商品选择

商品选择是指在商品销售中选用什么样的商品来进行销售，是商品销售的基础。在选择商品的时候一般通过以下几个角度进行判断。

1）实物还是虚拟

选择商品时第一个需要考虑的就是出售实物还是虚拟商品，例如一个育儿社群，适合销售实体的婴儿用品；而一个游戏社群，就更适合销售虚拟游戏内的道具、点卡。

2）用户喜好还是自身优势

在很多社群中，用户喜好的产品和社群运营者最优势的产品（优势来源于成本、价格、产品质量等）并不对等，此时就需要在这二者中进行选择，判断哪一项更加接近双方都能接受的范围，是选择开拓用户喜好的产品线，还是引导用户增加对优势产品的需求。

3）低客单价还是高客单价

客单价是指每一个购买者平均购买商品的金额。由于高、低客单价没有明确的适用场景区分，因此社群运营者在选择客单价的高低时，一定要结合实际社群情况，分析用户消费能力、信任度、产品质量、品牌效应等因素，最终得出结论。

4）高利润率还是高复购率

高利润率模式指的是在社群中销售高利润率产品，相对性价比偏低，用户复购率会较低。此模式常用于非重点运营社群、重要性低的社群，可以通过该模式低成本地迅速完成变现转化。高复购率模式指的是在社群中销售性价比高的产品，相对利润率较低。此模式常用于重点运营社群、核心社群，由于社群内用户较为重要，因此需要通过高性价比产品来提高用户满意度。

下面通过例 6-1 来详细讲述如何选择高利润率还是高复购率。

例 6-1　小熊的一轮广告推广实践

小熊在完成商品销售测试后，决定进行一轮大规模的广告营销，在自己所处的各个群中进行广告推送，通过转化数据来为之后的营销计划做数据沉淀。经过思考，小熊决定以如下的方法进行广告推送。

（1）对于自己运营的硬笔书法练字的各个社群，是小熊重点运营的社群，因此采用高复购率的模式，保证用户的好感度和信任度。

（2）对于不是自己运营、管理较严格的社群，属于非重要社群。但是由于管理严格，自己的销售如果不得当，会有被移出社群的风险，因此采用平衡的模式，在日常的聊天中软性植入产品推荐，缓步推广。

（3）对于不是自己运营，且管理松散的社群，属于非重要社群，被移出社群的风险较低，因此采用利润率高的模式，提高售价，直接推送广告，追求在低成本下的收益最大化。

2．商品展示

通俗来说,商品展示就是用户怎么看到商品,一般分为链接、文字、图片、组合四种形式。下面介绍这些常见形式。

1）链接

链接指的是通过网址链接的形式展示商品,即用户点击链接后就可以进入商品展示网页。链接展示网页的样式极多,包括淘宝页面、京东页面、有赞页面、小程序商城页面等等,图6-1是"国馆"公众号发布的有赞商城页面截图。

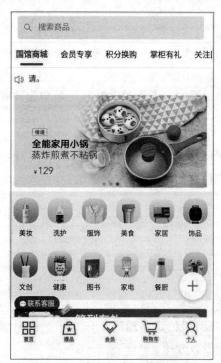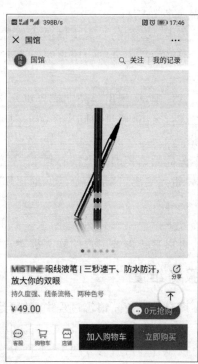

图6-1 "国馆"公众号中的有赞商城页面

直接通过链接展示,可以详细讲解商品属性和商品购买信息,并且大多数电商网页都带有购买链接,可以直接促成购买转化。并可以通过商城页面跳转,曝光更多商品,提高转化率。

2）文字

文字是指通过纯文字介绍的形式展示商品,通过纯文字的商品展示形式虽然看似过于简单没有吸引力,实则具有很强的亲近性,推广时就好像是在和朋友介绍商品一样。通过口语化的介绍及"亲测有效"之类的话术,可以较容易地获取到用户的信任,从而实现销售转化。

3）图片

图片是指通过图形图像的形式来展示商品,有着较高的视觉冲击力,一般会搭配"折扣"或者"满减"等形式的活动进行推广,力图使用户产生"冲动消费"行为。

4）组合

组合即多种展示形式同时使用，通过组合的形式提升商品的展示效果，常见的有"文字＋链接"和"文字＋图片"的形式。

3. 商品宣传

商品宣传是指通过宣传推广来促进商品销售转化的过程。由于商品宣传的渠道基本都在社群中，因此此处不讲述推广渠道，重点介绍如何做好宣传的内容。要做好宣传，社群运营者需要重视以下几个要素。

1）商品属性及信息

商品宣传中最基础的要素是描述清楚商品的属性及信息，例如商品名称、商品用途、商品尺寸等。清晰的描述可以让用户明白此商品是否为自己所需，以免出现售后纠纷。

2）优势

在商品宣传中，体现出商品的优势也是很重要的。无论是质量好还是功能独到，都应该在显眼位置进行突出，通过与同类产品的对比，吸引用户购买。

3）价格

价格作为商品销售的一个核心元素，一定需要出现在宣传中。此外如有价格上的优惠活动，一定要重点突出，这是一个极好地促使用户产生购买欲望的元素。

4）图片

除了部分虚拟产品没有图片外，大多数的商品宣传中图片起到了至关重要的作用，商品图片的良莠可以直接影响用户的购买欲望。

6.1.2 服务维度

服务维度是指在商品销售过程中，社群运营者需要为用户提供的各类服务内容。在保证商品维度优秀的前提下，服务质量越高，用户购买的意愿越高。在实际工作中，服务维度可以分为售前服务和售后服务两类，下面分别进行介绍。

1. 售前服务

售前服务指的是社群运营者对用户进行的导购、回复咨询等行为。由于在社群中销售商品属于线上行为，用户无法直接了解商品的各种属性，因此需要社群运营者对商品进行介绍，解答用户的疑惑，帮助用户选择和购买商品。如今的市场绝大多数都是买方市场，商品供大于求，用户有充分的选择条件。如果社群运营者的售前服务没有做好，用户可能会对这些商品的兴趣大幅降低。另外，如果没有向用户提供完善的售前服务，用户在使用商品时可能会出现各类使用问题，会大幅提高售后服务的工作难度。因此，优质的售前服务是在社群中销售商品的前提和基础，是实现商品销售盈利的关键。

例如，图6-2是小熊在销售硬笔书法相关商品时的说明，从图中可以看到小熊提供的信息包括了型号、规格、重量等商品信息。

2. 售后服务

售后服务是指在商品出售以后，社群运营者或商品供货商所提供的各种服务活动。由

		多彩细尖铱金钢笔	
品　牌	▓▓▓▓▓	型　号	1520
商品规格	长~137mm*直径~11mm	商品重量	净重~32g 毛重：~340g
笔杆材质	金属	笔尖描述	材质：铱金；书写粗细：0.5mm
商品包装	笔*1 包装盒*1	商品颜色	天鹅黑/炫彩银/玫瑰粉/丁香紫
商品产地	浙江	吸墨方式	可脱卸式旋转吸墨器

图 6-2　小熊对于某品牌钢笔的商品介绍

于商品的来源不同，有自产自销也有代理分销，社群运营者和商品供货商承担的售后服务比重在不同社群中各不相同，例如自产自销类的商品销售模式基本是社群运营者全面负责售后服务，而代理分销的商品销售模式一般是商品供货商承担的售后服务占比较高。

售后服务一般包括以下几种类型：
- 代为用户安装、调试产品。
- 根据用户要求，提供使用、维护、维修等方面的技术指导。
- 按不同情况对商品实行"三包"，即包修、包换、包退。
- 处理用户反馈以及投诉意见，解答消费者的咨询。同时用各种方式征集消费者对该商品及其购买流程的满意度，并根据情况及时改进。

例如在小熊的硬笔书法社群中，售后服务主要为更换商品、介绍使用方法、收集使用体验及意见反馈给供货商。

6.1.3　数据维度

数据维度是指在商品销售中所需要关注的数据。社群运营者需要做好数据的统计和分析，最终优化销售模式的相关工作。下面进行简单介绍。

1. 数据统计

数据统计是数据维度的首要工作。在社群的商品销售中，运营者需要重点留意以下的数据项目。
- 商品成本：指社群运营者在销售商品时商品交易带来的开支。
- 利润：指社群运营者销售商品的净收入。
- 客单价：指在一定时期内每位用户消费的平均金额。
- 曝光量：指看到该商品的用户数量，一个用户记为一次曝光。
- 转化率：指购买量与曝光量的比例。
- 复购率：指在单位时间段内，通过再次购买人数除以总购买人数计算出来的比例。

2. 数据分析

数据统计完成后，需要对数据进行分析，这样才能得出对运营有价值的内容。数据分析一般包含了以下几个角度：
- 筛选出数据好的项目和数据差的项目；

- 分析数据好/差的原因；
- 找出提升未来数据的办法。

6.2 知识付费

知识付费是近几年流行起来的一种社群变现模式。知识付费的商业本质在于把知识变成产品或服务以实现商业价值，现阶段盛行于教育、文化、艺术、互联网等领域。知识付费的核心在于让知识的接收者为所获得的知识付出费用：由知识接收者承担知识传播与筛选的成本，并给予铸造知识"产生-筛选-传播"链条的参与者一定的经济报偿，这有利于让更多的人参与到知识的传播过程中。

社群领域知识付费常见的形式为课程、问答、提炼三大类，下面逐一进行讲述。

6.2.1 课程

课程是指通过售卖课程从而变现的知识付费形式，也是知识变现领域最主流的形式。无论是录播课还是直播课，也无论是线上还是线下，在市场上都有大量的公司和个人在制作和销售课程，可以说是行业规模极大。例如在网易云课堂中，我们就可以看到大量的在线课程，如图6-3所示。下面从课程内容维度和课程运营维度来讲解课程类知识付费的模式。

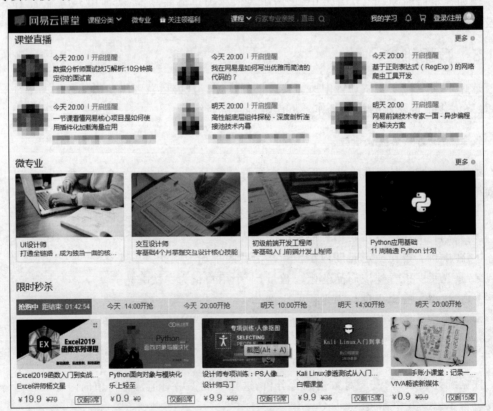

图6-3 网易云课堂网页

1. 课程内容维度

知识付费中的课程形式往往多种多样,下面通过不同的分类方式来逐一介绍。

1) 按内容形式划分

(1) 图文

图文形式是指通过文字和图片传授课程的内容形式,制作简单且成本较低,是个人KOL和小机构的首选形式。但是这种形式的劣势在于文字和图片的内容黏性较差,用户难以被图文形式的内容吸引。用户处于互联网的浏览时间是碎片化的,可能是在饭后、路上或睡前,如果图文内容过长容易导致学员的课程完成率较低,影响最终教学效果。最佳的图文课程制作方法就是将内容进行碎片化、细节化,拆分每个知识点,将每个知识点以300~500字的幅度进行展示,以此提高学员的学习效率。

(2) 音频

音频是指通过声音的形式传授课程的内容形式,常见于社群内小课和音频平台课程。音频课程中最重要的是演讲者的配音,语速、口音、情感等因素都会直接影响音频课程的质量,而且影响较大,所以一般不建议没有任何播音主持基础的人去制作音频课程。此外,音频课单节课的时间设置为每节课10~20分钟为宜,一般不超过30分钟。片头和片尾可以适当添加一些音乐或广告。

(3) 视频

视频课程是最常见的课程形式,通过画面及声音来传播内容,适用于各类课程,但是相对而言制作成本也是最高的。视频课程内部也有不少的区分。按照画面内容分为课件视频、人像视频、组合视频等;按时效性分为录播课程、直播课程等。社群运营者在选择视频课程形式时,需要通过多方面考量,选择最适合自己的形式。

2) 按展现渠道划分

(1) 线上

线上课程是指通过互联网进行授课的课程形式,前文所介绍的图文、音频、视频都属于该类课程。相比线下课程,线上课程不受空间的限制,大多数情况下也不受时间的限制,对于用户来说有较大的自由度,可以任意选择时间和场景来学习,可以提高用户满意度。但是同时也存在互动性较弱、学习不深入的问题。

(2) 线下

线下课程是指面对面授课的课程形式,比较受时间和空间的限制,但是具有较高的互动性,可以在课程中穿插各类实践活动和小组讨论。

3) 按课程周期划分

(1) 周更课程

周更课程是指一周更新一次课程内容的课程形式。一般周更课程的整体周期都会很长,有些课程甚至会持续一年,并且其中不少课程会有附加的内容,例如课程拓展、课程作业等。线上价格较高的课程一般会选用这一类模式。

(2) 日更课程

日更课程是指每天更新课程内容的课程形式,比较少见,部分中等偏低价位的课程会选择此类模式。

（3）定期课程

定期课程模式是指一次性放出所有课程，课程具备有效期，过了有效期后则不能观看课程的形式。定期课程是比较常见的课程模式，运营成本相对较低，受到很多中小公司的青睐。只需要事先录制完成课程，即可直接使用，图6-4所示的课程就是已经过期的定期课程，学习者无法再进行观看。

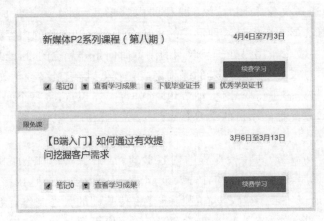

图6-4 已过期的定期课程

（4）直播课程

直播课程是指在线实况授课的课程形式，一般整体周期较短，具有较强的互动性和即时性，不过对于直播者的硬件要求较高，例如网络稳定、录像设备齐全等。直播课程单节的时长一般为0.5～2小时，总数不超过5节，并且在每一节课的末尾一般都会设有互动环节，即学员在评论区留言提问，由老师作答；或者通过"连麦"的形式进行互动。常见的直播平台有千聊、CCtalk等，图6-5为千聊直播课页面的截图。

图6-5 千聊直播课页面

4）按用户划分

（1）B端（企业用户）

针对B端用户的课程形式往往近似于企业内训，课程内容会按照企业实际情况而调整，一般具有很强的针对性。例如桔子会社群针对会员企业进行的HR培训都是在调研企业后结合企业现状进行不同的课程调整，而后再在企业内实施的。

（2）C端（个人用户）

针对C端用户的是较为常见的模式，面向于社会大众，也是社群中课程的主要形式。一般课程形式固定，除了常规课程迭代外不会有太多变化，更不会因学员的不同而不断调整课程内容。

2. 课程运营维度

课程运营维度是指社群运营者为课程所做的各项工作，一般包含课程宣传、课程服务两个方面，另外还需要重点关注课程数据问题。

1）课程宣传

在介绍课程宣传维度前，首先需要按社群和课程的关系把课程分为两类：一是社群内招生、社群内学习的课程（简称社群内课程），二是社群外招生、社群外学习的课程（简称社群外课程）。不同类型的课程宣传的形式也完全不同，下面分别进行介绍。

（1）社群内课程

社群内课程宣传模式较为单一，绝大多数宣传的模式为依托网页或海报为载体，在社群内进行通知。它与在群内销售商品的宣传方式基本一致，这里就不再重复介绍。

（2）社群外课程

社群外课程由于招生对象面向社会大众，会使用各式各样的招生方式，包括自媒体推广、裂变推广、广告推广、线下推广等，根据课程面向的用户不同来选择不同的招生方式。

2）课程服务

课程服务是指在用户学习课程期间社群运营者所提供的相应服务，例如问题解答、实践操作、课程作业、知识拓展等。下面通过一个案例来补充介绍课程服务，如例6-2所示。

例6-2　馒头商学院课程服务

馒头商学院是一所培养顶尖互联网人才的商学院，针对时代催生的新职业（数字营销、新媒体、产品经理、运营等）提供最实战的课程，为职场人学习和成长提供完整解决方案。2018年2月，馒头商学院与人力资源和社会保障部教育培训中心联合推出"新媒体运营（初级）证书班"课程。

这一课程是一个视频型＋周更型课程，一共持续六周。每周解锁新的内容，并且在社群内都会有作业、分享、点评、解答等服务，如图6-6所示。

6.2.2　问答

问答是指通过解答疑惑、回答问题的方式，从而实现变现的知识付费模式，也是一个较为简单直接的盈利模式。在社群中，问答的表现形式往往为群内发布该服务、用户通过私聊或付费进入问答群来解决自身的问题，例如较为常见的法律咨询群。下面通过例6-3来说

图 6-6 馒头商学院课程服务

明问答是如何进行变现的。

例 6-3 小熊开设问答服务

小熊经过几期的硬笔书法社群运营后,发现了一个问题:每一期都会有特别好学的用户在群内不断地提问;其中有些问题还较为复杂,需要投入大量的时间和精力;加上有些用户为了答谢小熊的回答会发红包表示感谢,最终小熊决定开设一个问答服务。问答服务的规则是用户花费 10 元,可以进行时长两小时的一对一问答指导;用户如果需要延长问答时间,则要支付 10 元/小时的费用。

由于之前小熊一直采取的是免费答疑的形式,如果突然改为付费答疑,很可能会造成用户的反感,为此小熊对问答服务进行了包装。包装完的问答服务介绍如下:

本群新增了 1V1 开小灶服务,想要提升自己的同学可以来找我报名参加,参加的同学需要准备好自己想学的知识或存在的疑惑。开小灶服务单次费用为 10 元,时长两小时,如需要额外"加餐"的则以 10 元/小时的费用结算。

小熊把该服务首先推送至提问人数较多的第三期班级群,当天就收获了 3 笔交易,在之后的一周内共有十多位学员报名参加了问答服务。小熊对他们进行了回访,发现用户满意度较高。至此小熊确定了这一模式具有较高的可行性,于是开始在自己所有的硬笔书法群中实施。

6.2.3 提炼

提炼是指把已有的知识加以筛选和浓缩,从而减轻用户的学习成本。运营者在这个模式中扮演的是"知识加工者"的角色,一边收集知识,一边处理知识并推送给用户,自己赚取处理知识的劳动所得。

"得到"的创始人就是提炼类知识付费的著名从业者,他所打造的知识类脱口秀视频节目"罗辑思维"浓缩了大量的知识和经验,给予了用户便捷学习的机会。

提炼类知识付费模式是一种较为简单的变现模式,开发成本较低,但是同时竞争压力也较大,没有足够实力的运营者很难通过这个模式实现盈利。

6.3 会员收费

会员一般是指某个组织的成员,会员收费即向组织内的会员收取费用或其他报酬。在社群中往往存在着一些群内组织,或者社群就是组织本身,其中的用户即为会员,会员运营的核心在于会员体系。会员体系是产品(包括社群)根据自身需求围绕会员产生的管理体系。会员体系以权益体系为核心,以等级成长体系和激励体系为辅助,驱动用户成长和产生忠诚度,并且可以反哺产品。会员体系如今风靡于各个行业,大至金融企业、网校,小至社群、零售业,都在运用会员体系创造收益和维系用户关系。下面将从会员体系的意义、分类和建设三个角度来进行讲述。

6.3.1 会员体系意义

在详述会员体系前,首先要说明一下为什么要建设会员体系。建立成熟的会员体系对会员类社群的用户管理和价值管理极有好处,下面进行详细说明。

1. 用户管理

1)精细化运营

不同等级的会员具备不同的价值。会员体系通过实现用户分层,可以把用户的价值量化,便于社群进行精细化运营,不同层级的会员享受不同的社群福利。会员的激励体系也为用户提供了更多的行为触点,进而激发用户的活跃度、提升留存以及促进拉新,也能够更好满足用户需求,提升用户体验,培养用户忠诚度。

2)调节用户生命周期

会员体系通过权益体系和激励体系,可以加速让新用户过渡到老用户,延长用户的生命周期,减少用户流失。

2. 价值管理

1)直接价值

对于付费会员社群来说,会员费用本身就是一种收入,付费用户规模越多,产生的收入越多。在一些学习类社群和分享类社群中,会员费用是其主要盈利模式,价值极高。

2)间接价值

除了直接的收益,很多时候会员体系还可以带来各种影响力、人脉、资源等价值,这些价值可能会在以后的某个时间变为直接的收益。

6.3.2 会员体系分类

不同社群根据自己社群的调性和情况,会员的设计和准入门槛也各不相同。下面通过不同的角度来对会员体系进行分类。

1. 按付费情况划分

按照是否需要付费来看,可以分为免费会员和付费会员。

1)免费会员

免费会员是指不需要付费,达到预置条件就可成为社群会员的会员类型。例如完成某些任务、转发某些内容、购买某些前置商品,这些虽然看似不会给社群运营者带来直接的经济收益,但是可以带来潜在的收益,如新的用户、产品的复购率等。

2)付费会员

付费会员是指需要付费才能成为社群会员的会员类型,例如樊登读书会,支付365元可享受一年的会员特权。

2. 按成长体系划分

按照是否有成长体系来看,可以分为等级会员和无差别会员。

1)等级会员

等级会员会根据一定的条件划分出不同的会员等级,不同等级的会员缴纳的费用不同,享受不同的权益。例如某些主播的粉丝群,按照粉丝不同的打赏金额来划分等级,享受不同的待遇。

2)无差别会员

无差别会员即所有会员的权益都一样,没有进一步的区分。大多数社群都属于无差别会员,因为其运营成本相对较低。

以上两种分类方式基本包含了网络上各种社群的所有会员体系。不同的社群在不同的社群阶段又可以任意组合不同角度的会员类型,形成具有自身特色的会员体系。例如小熊的硬笔书法社群,现阶段就属于付费社群+无差别社群。

6.3.3 会员体系建设

社群的会员建设往往先是整理建设众多的基础体系,然后通过合理的组合,形成完整的框架,最终建设为完整的会员体系。其中,最重要的是权益体系、等级成长体系和激励体系的建设,下面对这三个体系进行介绍。

1. 权益体系

会员体系建设中最核心的是权益体系。会员在社群中是一种身份的体现,身份核心要素是权利与义务。会员义务通常在会员进入社群时通过群规则说明，而会员的权利最好在会员进入社群前就进行告知，以增加社群对其的吸引力。

权益体系的核心是满足用户的核心诉求，其中包括找到用户的核心需求、分析用户的核心需求、设计出满足用户核心需求的方案这三个步骤，缺一不可。例如电商社群，其中一个核心需求点是价格，用户想要更优惠的价格，那么可以推出满减优惠券、折扣价、免邮费、满送等价格上的权益，同时满减优惠券可以提高客单价、折扣价可以和滞销品挂钩以降低损失等。设计合理的权益既可以满足用户的需求，又可以满足社群的业务发展。

权益的设计不仅要满足用户实在的需求，也需要让其可以提升社群的质量，给社群赋能。同时，在设计会员权益的时候，还需要考虑普通用户，不能因为一味服务会员，而让普通用户受损。具体权益按照不同的标准分类，可以分为物质权益和精神权益、增益权益和专属权益（只有某个等级的会员才有的权益）、基础权益和等级权益等。

一个好的权益体系可以让更多普通用户过渡到会员用户，让会员在社群中用户投入更多的时间和精力，提升忠诚度。

2. 等级成长体系

等级成长是指在相对稳定的社群环境中，用户行为的累计推动自身等级变化的过程，常见于会员分级的社群中。等级是指按某一标准区分的高低差异，其中区分标准是以数值为核心，与用户行为类型和频次挂钩，这里的数值暂且叫作"成长值"。等级成长体系常常会使用各种要素来进行搭建，下面进行简要的介绍。

1) 成长值

成长值是等级的划分标准，也是用户价值行为的衡量。不同平台可以根据自己平台用户的行为价值进行相应赋值。

（1）成长值的增加

免费会员不以入群门槛盈利，主要通过完成一些指定任务来得到成长值，包含成长任务（只能做一次）和日常任务（可以反复完成）。对于付费会员来说，除了任务成长值，还有会员成长值加成。成长值有一种较为简便的计算模板，其公式为成长值＝开通成长值＋每日成长值＋任务成长值－非会员成长下降值。在不同社群中，需要按照实际情况调整计算公式。

（2）成长值的减少

成长值的减少是一种负向激励。为了保证用户价值行为持续产生，成长值有增加，自然也有减少，这样才算是一个完整的闭环。

成长值的减少主要有三类：第一类是用户获得成长值的行为失效需要扣减对应成长值；第二类是会员等级到期后扣减成长值；第三类是后台人工干预扣除成长值。

（3）行为赋值

成长值的增加都是与用户行为和状态有关。社群运营者通常根据自身需求，针对社群的核心功能以及对用户的期望，给各个行为赋予不同的成长值，例如进行分享、购买商品、参加活动等。这个赋值一般需要由社群运营者自行设计和记录，并且定期在社群中进行全员告知。

适当的行为赋值可以激励用户不断进行有价值的行为，可以维系良好的等级关系，保持良好的等级成长的节奏，为用户带来更好的升级体验。不适当的行为赋值可能只会让用户完成部分行为,甚至打击用户的积极性。

2)等级层级

有了成长值体系,还需要用等级划分,将用户分层。如果把会员各级人数与等级建立坐标系,会发现大致满足幂函数,即随着等级的上升,数量急剧下降。也可以采用金字塔原理,处在底部的会员占比最高,按照等级逐渐递减。

分层结束后,还需要确定每层的成长值的范围。各个等级的成长值门槛通常会因为等级人群比例需求、数字是否简单易记等因素进行微调。一般规律是等级越高升级越难,意味着所需成长值越大。

3. 激励体系

激励体系就是通过对会员刺激、鼓励等手段,达成使用户认同社群的目标。它是会员体系中重要的辅助性体系,下面进行详细介绍。

1)积分

积分是一种虚拟货币,是平台为了用户完成某些特定任务给予的奖励手段。积分和成长值很像,都是一个数值,且与用户行为挂钩,但是积分的特殊性在于具备流通性。由于在第4章已经详细介绍过社群的积分体系,这里就不再赘述。

2)勋章/成就

勋章/成就是早期互联网用户激励机制常用的手段,像QQ或各类游戏在这方面的应用就极为常见,即完成一定的任务可以获得勋章/成就奖励。

勋章是一种荣誉的象征,在马斯洛需求理论中属于第四层(即尊重需求),是全民可以参与的激励活动,和会员体系交集较少。

3)奖励

在很多的社群中,完成一定的任务可以获得实物或虚拟的奖励,从而促进用户去完成任务,积极参与到会员体系中来。

6.4 广告合作

在社群的变现模式中,广告形式是最为简单的一个模式。一般由社群运营者对外承接广告,在社群内推送即可。常见的广告合作模式可以分为单次合作、分润合作、冠名合作三种主要模式。

1. 单次合作

单次合作是指在推送一次广告或在短期内持续推送广告而后停止的合作模式,例如社群运营者答应甲方在3天内连续推送某活动的预告,即为单次合作的模式。社群运营者收取单次的广告费,一旦费用结清,一般来说双方短期内就没有合作关系了。此模式适用性极高,任何场景都可以使用。

例如,某天一个销售毛笔的供应商找到小熊,要求他在所有小熊的硬笔书法群中打一次毛笔广告,具体合作是"在小熊自己的10个硬笔书法群中,用群公告功能发一次毛笔广告,给小熊5000元的广告费"。小熊在推送完广告并拿到广告费后,就和这个供应商不再有合作关系,这就是一次单次合作。

2. 分润合作

分润合作是指广告的甲乙双方瓜分广告所带来收益的模式,一般用于广告可以直接变现的情况。分润合作的优势在于双方都可以获利,比较容易达成合作共识;劣势在于一切都需要广告所带来的销售额作为基础,若是销售额低,合作可能很难进行下去。

例如小熊硬笔书法社群一直采用的硬笔书法用具的销售模式,即每卖出去一份,小熊就可以拿到一定的抽成,这就是抽成分润模式。另外还有一种叫返现分润模式,指的是运营者原价出售,但是每卖出去一件商品,合作方会支付给运营者一定的费用。

3. 冠名合作

冠名合作属于长期合作的一种,是指由一家或多家广告主买断社群的全部广告内容,即社群运营者仅能在群内推送这些广告主的广告。这一模式的合作程度较深,合作的费用也较高,适用于较大型的社群。合作项目往往包括定期广告推送、活动时的 logo 展示、群名包含冠名内容等。下面通过例 6-4 来帮助大家理解。

例 6-4 小熊硬笔书法社群的冠名合作

小熊的某一期硬笔书法社群收到了一个冠名合作请求,经过讨论,最终小熊和对方达成了以下合作协议。

甲方:××公司

乙方:小熊

(1) 合作内容

① 合作项目:"硬笔书法日更小分队"社群冠名合作。

② 合作目标:基于乙方社群开展深度推广服务。

③ 合作时间:2019 年 7 月 2 日至 2020 年 1 月 2 日(为期 6 个月)。

④ 合作范围:硬笔书法日更小分队第 5~9 期社群。

(2) 合作内容

① 合作范围内的群名需要包含品牌名称。

② 每周在合作范围内的社群中发布由甲方提供的广告一次,广告内容由甲方制作。

③ 合作范围内的每一次知识分享后允许甲方在群内推送一次广告。

④ 对外宣传的物料上都须包含甲方公司 logo。

⑤ 乙方每个月为甲方卖出 10 个以上的 A 产品。

⑥ 合作范围内每个群至少含有两位甲方工作人员。

⑦ 甲方每个月编辑一篇营销软文,由乙方推送至社群内、知乎、头条号等平台,具体事项由双方每个月 10 日前讨论决定。

⑧ 甲方应积极配合乙方进行宣传推广工作。

(3) 合作金额

① 费用总额:6000 元人民币。

② 付款时间:本合同签订后,甲方应于合同签订后 7 个工作日支付全部合作费用。

6.5 其他社群变现模式

除了上述的社群营销转化模式,还有一些使用较少但较为优秀的社群变现模式,下面进行简单的介绍。

1. 任务分发

任务分发模式是指社群运营者从社群外发掘需求,然后发布在社群中,由群员接收需求并完成任务,运营者从中抽成或领取别的奖励的模式,如图 6-7 所示。

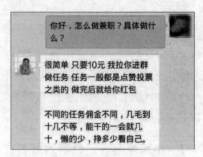

图 6-7　某兼职社群的模式介绍

常见的任务分发社群有各类兼职群、水军群,适合有资源、有资金、有渠道的人来运营该类社群。这类社群的优势在于模式简单清晰,现金流快,沟通高效;劣势在于这类社群往往不会签署合作或劳务协议,双方的利益很难得到保证。

例如二壮运营了一个水军群,群员有上千人之多,每当有企业通过他下单,要求帮助某明星打榜或造势时,他就会把任务派发到群中,每一位完成任务的成员都可以从二壮处领取几角至几元不等的收益,二壮则赚取这一进一处之间的差价。以上就是一个线上任务分发模式的实际应用案例,此外还有向企业派送兼职人员的线下任务分发模式。

2. 团购中介

团购中介模式是指由社群运营者将社群成员作为一个整体,以此获取更优惠的价格或更多的好处,进而获利的模式。为了便于理解,下面通过案例 6-5 来介绍一些资源中介社群。

例 6-5　团购中介社群运营模式案例

小 B 是一家出口电商公司的负责人,主要做美国市场。由于商品发货的运费居高不下,公司运营成本一直降不下来。为了解决这个问题,小 B 仔细调查了周边的公司,发现很多做美国市场的企业都被运费高的问题所困扰。

于是小 B 想了个办法:既然大家的公司都在同一地方,发货的目的地也大致相同,如果能联合起来统一发货,完全可以通过大额的物流单量来压低物流公司的运费。

随后小 B 带头为周边有物流优惠需求的数十家公司组建一个社群,统计了他们每个月的物流单量,然后去和货运公司进行协商,成功地谈下了较大的运费折扣,并且小 B 可以拿到每一单2‰的分成；接着小B在社群中告诉了周边的企业，自己谈下了优惠价格，经过自己提交的运输需求可以有不少的折扣。通过以上运作，小B不仅降低了自身公司的运费，还使自己公司有了额外的收入。

6.6 本章小结

本章主要讲解了社群营销转化的相关内容。通过本章的学习，读者应该了解社群营销转化的各种模式，并重点掌握社群营销转化的商品销售、知识付费、会员收费三种模式。

第 7 章 社群工具

思政案例

【学习目标】

知识目标	➢ 了解工具对社群的价值 ➢ 了解社群常用的工具
技能目标	➢ 掌握需求筛选的方法 ➢ 掌握选择工具的方法

【案例引导】

硬笔书法社群工具的使用

在硬笔书法社群一期期进行的过程中,小熊发现自己的重复工作量很大,很多工作都是周而复始地在做,如群日报、欢迎新人等,他觉得有必要去寻找自动化工具来帮助自己。

首先小熊分析了社群中所遇到的问题及其需求,他发现主要存在的需求是多社群消息群发、新人入群的自动欢迎、多社群同时发语音消息、社群消息量统计。于是小熊制作了需求-功能转换图,把需求转换为功能,方便自己寻找工具,如图7-1所示。

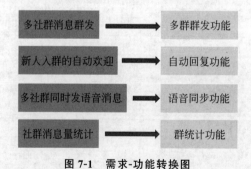

图 7-1 需求-功能转换图

接着小熊开始根据需求寻找市面上的社群运营工具,经过多方比对,他最后确定了使用WeTool和"一起学堂"这两个社群运营工具来帮助自己运营社群。

【案例思考】

社群工具用于解决社群运营者在运营过程中遇到的种种困难和痛点,合理使用工具可以减少运营者工作量、拓展社群的功能、提升社群的运营效率和提高用户满意度。本章会重点介绍如何寻找社群工具并推荐一些较为常用的社群工具。

7.1 社群运营需求

社群运营需求是指运营者在运营社群时遇到的实际问题。在选择社群工具之前,先要明确社群运营需求,这样才能在运营过程中有针对性地解决运营问题。本节详细介绍如何进行需求筛选和社群运营中的常见需求,来使大家对社群运营需求有足够的了解。

7.1.1 需求筛选

在社群运营中,并不是所有的运营需求都需要使用工具。一般来说,适合使用工具的需求具有以下三个特征。

1)内容重复

社群运营中存在很多简单但需要经常重复的工作,例如前文所提及的新人入群欢迎语,就可以采用工具来替代人工操作。这类工作是否需要工具的评判标准,要求社群运营者自己衡量工作量与所得结果,如果工作量很大但是所得结果很少,就可以考虑使用工具来替代这个工作。

2)量大耗时

社群中还有不少需要耗费大量时间的工作,例如统计社群人员进出数量、统计社群人员发言数量。对于这些不但频率高而且耗时的工作,如果是由人手动统计,则大大提高了社群运营成本,此处就可以采用工具来辅助,降低社群运营成本。

3)基础模式内容缺失

任何社群组织在运营中都有一套各自的运营模式,其中包括用户、内容、变现、推广等板块,任意一个板块都需要有各自的功能组件进行搭配,才能完美地运转起来。但是由于社群平台的功能有限,有些模式中的个别板块受到功能限制,没法发挥出应有的价值,这时候就需要通过第三方工具,完善该板块,使整个社群模式完美运转,以达到最佳的运营效果。

7.1.2 常见的需求

一般来说,社群需要使用工具的常见需求可以分为社群管理类需求和社群功能类需求两类,下面进行逐一的讲解。

1. 社群管理类需求

社群在运营过程中经常会遇到运营困难、管理漏洞、效率低下等问题,这些问题对应的社群需求就是社群管理类需求。按照需求对象来分,社群管理类需求主要包括内容管理、人员管理、数据管理等环节。

1)内容管理

(1)同步推送

多社群运营时,一些通知或者内容需要同时在多个群中推送,由于社群运营者需要逐个发送通知,这类通知在不同群之间往往会存在时间差。此外如果社群多达上百个,那运营者的工作量会极大,并且耗时极长。这时候就可以使用一些群发工具来一键完成同步推送工作。

(2) 自动回复

社群中由于人数较多，往往会出现重复的提问或事件，社群运营者需要一而再、再而三地回复相同的内容，例如查询群规则和新成员入群欢迎语。这时如果能设置自动回复，就可以大大提高运营者的工作效率。

(3) 定时推送

在一些社群活动或事件中，需要在某个固定时间推送消息至社群中，为了避免遗忘，自动的定时推送功能就显得尤为重要。例如社群的新年跨年祝福消息，就需要准时在零点推送出。

2) 人员管理

(1) 自动审核

在 QQ 群等有入群审核机制的社群中，往往会有备注关键词入群的规则，如果采用纯手工操作，工作量会极大并且无法做到及时，社群运营者和用户的体验都会较差。这时候就可以采用工具来自动审核用户，社群运营者既减轻了工作量又增加了拉人效率。

(2) 自动踢人

针对社群中的群规则，社群运营者一定要通过严格"执法"来维护。但是有些社群消息太多或者社群运营者管理的群数太多，发生了遗漏，就会降低社群的用户满意度。这时如果有程序或软件可实现自动移除违规群员的功能，就可以解决这个问题。

(3) 标签分类

每个人都可以对应一些标签，例如性别、喜好、地域、年龄等。在社群中，群成员的标签往往具有较高的分析价值，如果能有工具帮助社群运营者收集和整理标签，可以大大提升社群运营质量。

3) 数据管理

(1) 消息统计

通过消息的数量和分布可以看出一个社群的活跃度，而消息统计的工作量极其庞大，一定需要有工具来辅助，实现自动统计。

(2) 人员变动统计

在大批量建设社群和运营社群的工作中，人员的新增和减少是很重要的数据项目，为了精准获取数据，需要有工具来配合收集工作。

(3) 其他数据统计

在社群运营中往往还有销售额、转化率、活动参与率等数据，有工具的辅助可以做到事半功倍。

2. 社群功能类需求

功能类需求主要指的是对社群平台本身不具备的功能的需求，也叫功能拓展需求。这一类需求往往伴随着定制化社群活动、社群服务而来，并不是每个社群都有这类需求。按照需求的目的来分，社群功能类需求可以分为互动功能拓展和内容功能拓展两类需求。

1) 互动功能拓展

(1) 群内游戏

一些社群会在群内设计游戏功能来调动群员的活跃度，例如猜歌名、猜谜语、猜图片、你画我猜等，这是社群本身不具备的功能，需要由第三方工具实现。

(2) 打卡

社群本身只能实现简单的文字或图片打卡行为,但是无法长期记录和快速统计。高效和吸引人的打卡行为需要使用工具实现。

(3) 投票

一些社群活动中会用到投票功能,但是大多数社群平台本身是不具备投票功能的,需要引用外部工具。

(4) 抽奖

有时社群在发放福利的活动中会涉及抽奖,抽奖是大多数社群平台不具备的功能,需要在外部进行或者利用工具。

2) 内容功能拓展

(1) 直播

直播功能主要是指在社群内的知识分享活动中需要实现视频＋声音的直播需求,这是社群所不具备的功能。此外对于图文直播、音频直播这两类形式,大多数社群平台都可以通过自身功能实现。

(2) 内容存储

大多数社群平台虽然都会提供聊天记录功能,但是无法定向收录指定内容,如果社群内有一定内容需要单独存储,就需要第三方工具进行支持。

(3) 音频输出

社群中往往会有大量的语音消息,但是由于语音无法转发和保存的原因,很难记录下来,这就需要使用第三方工具把语音消息进行输出,再加以保存。

(4) 语音同步推送

在需要同时在多个社群中发送相同语音消息的场景下,大多数社群平台都无法实现这个行为,这时就需要使用工具。

7.2 工具选择

在了解完社群常见的需求后,就需要通过需求来选择工具。在大多数的社群运营工作中,选择工具可以分为两个步骤:首先通过各种渠道寻找工具,然后在相似功能的工具中选择适合自己社群使用的工具,具体介绍如下。

7.2.1 寻找工具

工具选择的第一步是寻找工具,只有找到和需求对应的一些工具,才能在其中分析比对。下面介绍搜索、网购、询问三个方法,通过这三个方法,就能找到大多数所需的工具。

1. 搜索

现有的搜索引擎基本把中文互联网的所有网站都进行了抓取,在百度、必应、搜狗等搜索引擎中基本可以查到任何所需的网页,包括各种工具。

但是搜索也是有方法的,错误的方法会导致无法搜索到想要的内容,例如应对"消息统计"需求,如果直接搜索"记录微信群群员发的消息",只能得到如图7-2的结果。

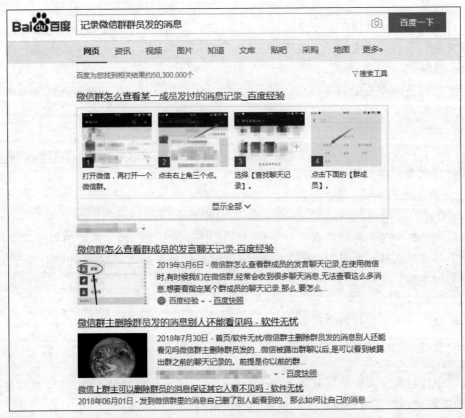

图 7-2 搜索"记录微信群群员发的消息"的结果

所以该如何正确检索信息呢？其重点在于关键词的提炼和内容的简化上，做好这两步就可以帮助运营者找到想搜索的内容。

1) 提炼关键词

学过一些搜索引擎相关知识的人都知道，现在的搜索引擎是通过对关键词的检索来得出相关结果的，如果关键词出现了偏差，自然无法搜索到想要的结果。例如上面所说的"消息统计"需求，首先要提炼出主要关键词"微信群""消息""统计"，再提炼出次要关键词以作备用，如"记录""如何""工具"等。

2) 内容的简化

搜索完关键词后，可以直接用空格符隔开进行搜索，也可以组成句子进行搜索。在组成句子的时候，需要对语言进行简化，避免句子中出现无关的关键词影响搜索结果。例如上面得出的主要关键词，可连成"微信群消息统计的工具"，再进行搜索，如图 7-3 所示，即为关键词搜索结果。

多学一招：增加字符使搜索结果更精确

在搜索引擎中进行检索时也有一些小技巧使搜索结果更精确，下面介绍通过增加字符来精确化搜索结果的方法。

(1) "关键词"

如果使用双引号完全匹配关键词，则搜索结果不会进行联想，例如"赵本衫"。

图 7-3　搜索"微信群消息统计的工具"的结果

（2）site：网站域名

使用 site 字符可以从指定网站搜索关键词，例如 site：zhihu.com。

（3）关键词 filetype：文件格式

通过 filetype 字符，加上文件格式，可以搜索指定的文件格式内容，例如社群运营 filetype：pdf。

2．网购

对于一些特定的需求，在网络上可能无法找到相适应的工具，这时就可以考虑通过网购来定制专属的工具。例如在调查竞品时，需要用到爬虫工具，但是对于没有任何数据编程基础的人来说，从头学太费时间，这时就可以通过淘宝，搜索并购买相关的工具，只要输入要求就可以导出结果，直接获取想要的资料。

另外，有时网络上搜索出来的工具过于昂贵，甚至超过了开发的价格，那就可以通过网购来定制工具，以节约成本。

3．询问

无论是通过检索还是网购，都需要耗费较多的时间和精力，询问亲朋好友是一个更加便捷的选择。询问工具相关行业的人或同行，可以快速了解到自身的需求通过什么工具来解决较为适宜。例如很多刚入门的社群运营者会询问什么工具比较便宜又功能较多，可以减少社群运营的工作量，这时有经验的运营者就会按照具体需求，给出不同的工具推荐，如 WeTool、小 U 管家、建群宝等。

7.2.2 筛选工具

在找到需求所对应的工具后，往往是一个需求有多个工具可以解决，这时就需要筛选工具，找到最合适的工具。在选择工具时，这里推荐使用四象限法则来进行选择。

四象限法则引用的是著名管理学家史蒂芬·科维提出的时间管理理论，史蒂芬·科维把事情按照"紧急/不紧急＋重要/不重要"划分出了二维四象限的模型，如图7-4所示。

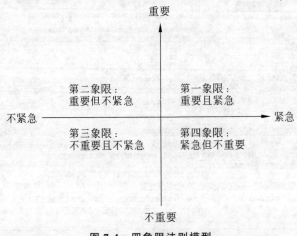

图7-4 四象限法则模型

在工具的筛选中，两个维度的指标需要改为"性价比"和"使用频次"，从而通过这两个维度的对比，把不同工具放入四个象限中，最终筛选出合适的工具，如图7-5所示。

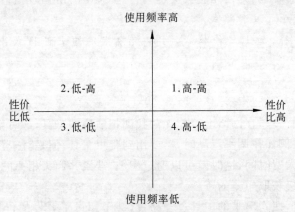

图7-5 工具筛选所用的四象限法则图

这一法则图考量的核心是使用一个工具的ROI（投入产出比）是否划算。简而言之，能快速收回成本或没有成本，并且对社群运营工作有足够价值的工具就使用，难以收回成本的工具就不使用。下面对四个象限进行详细讲述。

1. 第一象限：高-高

这个象限包含的是性价比高、使用频率高的工具，这一类工具使用的必要性极高，一般可以默认为直接购买使用。例如对于新人的自动回复、自动加人与自动踢人,都是"高-高"类工具,确认需求后就可以直接购买。

2. 第二象限：低-高

这个象限包含的是性价比低、使用频率高的工具,这一类工具使用的必要性不是很高,如果人工能替代就尽量通过人工来完成,除非人工无法完成或者社群运营者经费较为充足,才购买使用。例如消息群发工具,使用频率高,但相应的工具价格不菲,所以建议消息群发需求通过社群平台自带的群发功能完成,或者通过人工逐一完成。又例如关键词自动回复工具,也是可以完全通过人工完成,在是否使用工具这一问题上需要深思熟虑。

3. 第三象限：低-低

这个象限包含的是性价比低、使用频率低的工具,这一类工具使用的必要性极低,除非特殊情况,一般直接决定不予购买。这类情况一般发生在工具较贵、使用频率很低、运营者资金不多的场景下,例如小型社群没有必要买社群商城工具,成本过高且购买量注定不高,很难收回成本。

4. 第四象限：高-低

这个象限包含的是性价比高、使用频率低的工具,这一类工具使用的必要性略高于"低-高"类别的工具,如果社群运营者资金充裕,就可以选择购买。例如社群裂变活动搭配的拉新工具、多群运营中的同步群发工具、社群活动用到的直播工具等。

7.3 工具推荐

社群运营经过多年、众多企业的尝试,有着一些普遍使用且较为实用的社群工具。下面按照社群管理类需求和社群功能类需求的分类,为大家推荐一些社群运营工具。

7.3.1 社群管理类工具

社群管理类工具是指帮助社群运营者管理社群的工具类产品,下面介绍几个较为热门的工具。

1. WeTool

WeTool是微小宝旗下的社群管理工具,是一个社群综合性服务平台,致力为传统商家提供社会化媒体精准营销解决方案,结合社群辅助功能与社群拓展功能,能够帮助社群运营者更好地运营社群,提升社群服务质量。图7-6为WeTool的logo。

WeTool在社群管理领域是一个使用量较大的工具,普通版可以免费试用,操作也较为简单,很适合刚入门的社群运营者使用。WeTool的功能如图7-7和图7-8所示。

图 7-6　WeTool 的 logo

图 7-7 WeTool 部分功能展示之一

图 7-8 WeTool 部分功能展示之二

这些功能主要解决了数据统计、消息群发、自动回复等社群管理类需求。

2. 建群宝

建群宝专注于提供专业、可靠、易用的社群运营和用户增长一体化解决方案，帮助社群运营者快速完成用户拉新和引流。建群宝提供的升级活码管理系统解决了扫码次数有限的行业痛点。建群宝的 logo 如图 7-9 所示。

建群宝的主要使用场景是用户增长类活动和产品销售类活动，例如社群裂变。建群宝的使用流程如图 7-10 所示。

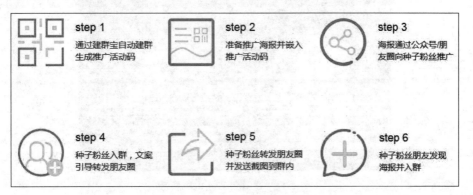

图 7-9　建群宝的 logo

图 7-10　建群宝的常见使用流程

建群宝主要解决了批量建社群、批量拉新等需求，具体功能如图 7-11 和图 7-12 所示。

图 7-11　建群宝部分功能展示

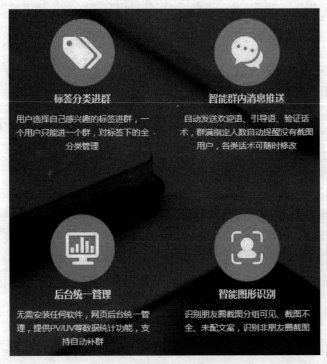

图 7-12　建群宝部分功能展示

📖 多学一招：社群裂变

社群营销中还有一种变体的模式，叫社群裂变，下面对社群裂变进行介绍。社群裂变存在两种含义，一种是"在社群中进行裂变"，意思为在社群中进行广告或活动的快速传播；另一种是"利用社群进行用户裂变活动"，意思是将社群作为载体，配合其他活动为公司实现用户的快速增长，同时带来营收的快速增长。此处要介绍的社群裂变是指第二种含义，如图 7-13 是社群裂变常见的流程。

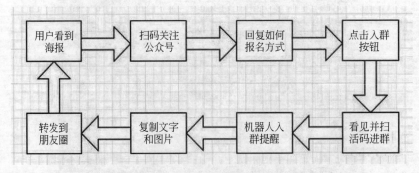

图 7-13　社群裂变常见的流程

社群裂变刷屏的案例并不少见，例如新世相的营销课和网易的戏精课程，其实无一不遵从这一框架。但是根据不同的情况和场景，这个框架会发生各种各样的变化。此外，操作的产品、社群的组成、资源的多少等都会影响整个裂变的效果。

一份周密的社群裂变策划一般由以下八个部分组成。

(1) 竞品分析

这个环节主要分析竞争对手产品的优势、活动内容、活动渠道等,找出同行业前十或前五进行复盘,确定最佳的渠道和方法,并进行整理总结。通过竞品分析可以使得自己的活动策划不会太离谱。

(2) 自身定位

通过对自身的分析,明确自己的产品优势、内容优势和渠道优势,并找出自己的限制性因素,加以避免。

(3) 资源匹配

这个环节主要是指匹配活动的资源,包括预算、内容、渠道等,根据预算匹配相应的资源。例如,某次活动需要某些大V站台和互转,那就需要咨询哪些大V可用、报价多少、渠道是什么。

(4) 调查用户需求(痛点)

在策划阶段,社群运营者至少需要提炼3~5个用户需求(痛点),并根据痛点撰写相应的文案。只有在戳中"痛点",让用户感受到"受益"的情况下,用户才有传播的动力。

(5) 裂变方法

裂变的"诱饵"有很多,例如产品体验、课程、资料、圈子,不同的社群有不同的需求,一定要投其所好。产品体验适合微商和线下店铺,圈子主要靠大V站台,课程知识在于短平快。

(6) 裂变海报

根据用户需求(痛点)和传播渠道,制作适宜的宣传海报。裂变海报要突出卖点。

(7) 引导话术

这个部分指撰写进群引导文案、朋友圈引导文案。

(8) 其他

最后要有相关准备资料,包括礼品库存、资料领取链接、直播间、客服人员培训等。

7.3.2 社群功能类工具

社群功能类工具是指为社群拓展更多功能的工具类产品,下面介绍几个较为热门的工具。

1. 鲸打卡

鲸打卡是一家"小程序+教育行业督学营销解决方案"服务提供商,专注于为教育机构、老师、自媒体、社群部署品牌专属小程序,帮助客户管理班级,提高学员续费,降低招生成本。图7-14为鲸打卡的logo。

图7-14 鲸打卡的logo

鲸打卡工具主要解决了社群中的打卡需求和知识付费类社群的培训平台建设需求。鲸打卡包括了课程功能、打卡功能、营销功能、日常管理功能、通知提醒功能、各行业考试题目题库、数据分析功能等功能块,其中打卡功能如图 7-15 所示。

图 7-15 鲸打卡打卡功能

鲸打卡工具的功能十分齐全,除了社群,还能应用于微信公众号等平台,不过价格也比较昂贵。社群运营者如资金不足,可以使用小打卡等小程序工具代替,功能虽然少一些,但是价格低廉。

2. 投票吧

大多数社群平台本身不具备投票功能,部分网页虽然可以提供但功能极为简单,很多时候并不能满足实际需要。目前,不管是创建严谨精确的内部选举投票、评比投票,还是以聚集人气吸粉为目的的投票,都需要选择一个稳定可靠、功能足够强大的第三方投票平台。这里推荐的是投票吧这个工具,它具有众多的功能和十分便于操作的后台,可以满足绝大多数社群内投票的需求。图 7-16 是投票吧的 logo。

投票吧主要包含了多媒体投票功能、防刷票功能、数据监测功能、个性化定制功能、信息抓取功能等,能满足绝大多数社群运营者的投票活动需求。

3. 千聊

千聊是一个知识分享平台,专注于知识付费类直播,任何个人和机构都可以通过千聊开设直播。千聊直播不受时间、场合和流量的限制,适用于各种培训、课程、脱口秀、聊天室、图片分享、旅行直播、活动直播等,是社群的增粉利器,并且对使用者不收取费用。图 7-17 是千聊的 logo。

千聊主要解决的是社群中无法实现视频直播的问题,满足了社群运营者在社群内进行

图 7-16 投票吧的 logo

图 7-17 千聊的 logo

多媒体直播的需求。千聊主要有图 7-18 所示的功能。

图 7-18　千聊的主要功能

4．一起学堂

一起学堂是一个知名的微课社群服务平台，围绕以微信社群为主的移动端生态展开业务，主营社群服务、电商、教育培训三大业务板块。一起学堂最突出的特色是可以实现语音等消息多社群同步转播，例如一个老师需要同时在 10 个社群做语音分享，这时就可以使用一起学堂来进行同步推送，实现原本无法实现的需求。图 7-19 是一起学堂的 logo。

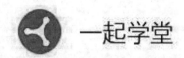

图 7-19　一起学堂的 logo

除了同步转播功能外，一起学堂也能完成知识付费的一些需求，例如课程重播、群内与页面同步、邀请卡、分销营销等，图 7-20 所示是一起学堂官网上的功能简图。

图 7-20　一起学堂的功能简图

5．群绘

群绘主要专注于社群、社会化电商和用户运营领域的解决方案设计、服务实施与行业研究。利用业务、平台、产品、大数据技术以及合作资源提供社群整合解决方案，并为用户提供社群价值衡量体系。图 7-21 是群绘的 logo。

图 7-21　群绘的 logo

相较于社群管理类工具自带的社群数据统计功能，群绘拥有更专业、更丰富的数据收集统计功能，可以帮助社群运营者更好地完成数据统计工作，例如社群 BI 系统、社群 CRM 系统、社群用户画像等功能。图 7-22 所示是群绘 CRM 系统的介绍。

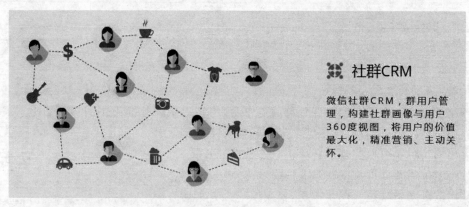

图 7-22　群绘 CRM 系统介绍

7.4　本章小结

本章主要讲解了社群工具的相关内容，包括需求选择、工具选择、工具推荐三个部分。

通过本章的学习，读者应该了解工具对社群的价值和社群常用的工具，并掌握需求筛选的方法和选择工具的方法。

第 8 章
社群数据分析

【学习目标】

知识目标	➢ 了解数据分析的定义和价值 ➢ 了解社群数据化 ➢ 了解常见的数据分析方法
技能目标	➢ 掌握数据分析常见的数据项目

思政案例

【案例引导】

硬笔书法社群数据分析

随着小熊的硬笔书法社群日益壮大,社群内的问题也越来越多,小熊开始每天疲于应付各个社群中出现的问题,为此他感到十分的烦恼。经过仔细的调查研究,小熊发现其中大多数的问题都有章可循,很多社群的数据都可以体现出社群现在或将来存在的问题。因此小熊深深地感受到了数据分析的重要性。

由于小熊的社群是按期数组建的,最重要的数据即为每一个社群的人数和收益,因此小熊将它们做成了表格,如表8-1所示。

表8-1 硬笔书法社群人数表

期数	时间	人数	当月收益
1	3月	36人	383元
2	4月	46人	587元
3	5月	52人	820元
4	6月	45人	938元
5	7月	41人	996元
6	8月	63人	1283元
7	9月	57人	1139元
8	10月	49人	1152元
9	11月	52人	1214元

从表中可以看出,前三个月社群的人数和收益持续上升,这是因为整个社群组织处于起步期;6~7月人数减少,经过小熊分析,主要因为社群用户中占主体的学生正处于期末考试

阶段,因此用户较少,但是植入了商品销售,收益是增长的;8月处于假期,人数大幅上升,加上社群中引入了营销手段,人数及收益均大幅上升;9~11月处于平稳运营状态,数据起伏不大。

分析完了各个阶段的基础数据,小熊准备将7~9这三期社群进行详细分析,从而找出并解决社群中存在的问题。

【案例思考】

通过案例可以了解到,社群运营离不开数据分析,通过数据分析可以寻找和发现社群存在的亮点和问题,让社群运营者的管理方法变得有章可循,从而提高社群运营者的收益和社群中群员的满意度,使得社群存活得更久,发展得更好。本章将通过了解数据分析、常见的数据项目和数据分析方法3大板块,详细说明如何做好社群的数据分析工作。

8.1 了解数据分析

数据分析是专业化社群运营工作中一个很重要的组成部分,社群想要规范化运作,就必须严格地做好社群数据分析工作。在做数据分析工作之前,每个社群运营者都需要明白什么是数据分析和数据从哪里来。

数据不是凭空就会冒出来,每一个数据都是由一个个行为转化而来的,最终变成了看得见的数字。本节将从数据分析基础和社群数据化两个角度来讲解数据分析是什么和数据从哪里产生。

8.1.1 数据分析基础

在讲解社群数据分析知识之前,我们需要了解数据分析的定义及其对社群的价值。

1. 数据分析的定义

数据分析是指用适当的统计分析方法对收集来的大量数据进行分析,提取有用的信息并形成结论,从而实现对数据加以详细研究和概括总结的过程,这一过程也是社群质量管理体系的支持过程。在实际工作中,数据分析可帮助人们对问题作出正确的判断,以便采取适当行动。

数据分析的数学基础在20世纪早期就已确立,但直到计算机的出现才使得实际操作成为可能,并使得数据分析得以推广。数据分析是数学与计算机科学相结合的产物。

一般来说,数据分析分为数据收集、数据整理、数据解析、数据总结四个步骤。

2. 社群数据分析的价值

1)促进社群运营者优化决策

数据分析可以提升社群运营者的信息整合与分析的能力,汇总社群内部、外部的信息,将运营现状清晰化,分析出有效的决策内容。此外,数据分析也可以大幅提升社群运营质量并改善社群运营策略,提升社群的效益和发展速度。

2)降低整体营运成本

社群运营者可以根据数据分析结果,优化社群工作流程,规范运营模式,从而在保证效果的前提下,降低不必要的运营成本投入。

3) 协同组织目标与行动

根据数据分析出的结果,通过改良运营模式,可以加强社群的信息传播能力,消除社群运营者与群员之间的认知差距,并可让更多用户掌握更有意义的社群信息。此外数据分析还可以全面提升社群用户的满意度和认同感,使社群内的每个人目标一致、齐心协力。

8.1.2 社群数据化

自2018年中旬起,社群经济的发展使得社群运营人员的工作集中在拉新与转化上,但由于社群被太广泛地使用,存量市场被瓜分殆尽,社群用户获取难度不断攀升。现实环境的变化导致了社群运营者必须进行精细化运营,用最少的资源做尽可能多的对社群有价值的事情。

因此,社群运营者需要对社群进行数据化拆解,将各种用户行为、社群内容、社群业务拆解为一项项的数据,例如××量和××率。然后通过数据分析,根据结果优化运营工作,提升社群的用户总量、用户活跃度、内容价值以及转化效果等。

下面将从用户行为数据化、社群内容数据化、社群业务数据化三个角度来介绍如何把行为转化为数据,从而做好数据分析工作的第一步。

1. 用户行为数据化

社群用户行为数据化的本质是通过拆解用户在社群里的行为,统计得出用户行为的相关数据,然后社群运营者可以根据数据体现的社群运营实际情况,进行精细化管理,促进社群用户的活跃度。用户在社群上的交互行为有很多,最基础的有加群、退群、发言、发红包等,利用第三方社群管理工具扩展开的还有签到、购买和投票等行为。

这一些行为可以直接拆解出每日/周/月入群人数、每日/周/月退群人数、每日签到数、活动参与人数等基础数据。再加以公式及算法的套入,可以得出人员流动性、社群活跃度、活动参与度等复合型数据。

不同运营目的下的社群里的用户行为是不一样的,要拆解的用户行为也不同。以公众号运营研究社为例,他们的用户在社群里的行为包括访问、签到、发言、讨论、引导讨论和分享等。然后对这些数据进行拆解,得出活跃度、用户黏性、流量变化、分享效果等复合型数据,并加以分析,这样就可以评估社群里的用户分布情况,知道社群管理过程中哪部分用户出现问题并对其重点优化。

2. 社群内容数据化

社群的用户行为数据化是基于用户行为的拆解和统计,社群内容数据化则是把用户在社群里的具体产生的内容数量、内容特征等信息转换为数据。

在社群中对用户的内容统计项主要为发言内容类别、观点趋势、转发分享量、内容的时间分布等,特定运营目的的社群还需要对特定时间段里的发言内容进行互动统计,这些数据可以拆解为话题排名、观点占比、转发量等数据,从而获知用户的喜好和习惯,为进一步完成用户画像和内容选题提供基础数据支持。

还是以运营研究社为例,运营研究社为了提升社群的内容输出能力,需要有更多的社群成员参与内容输出,所以根据用户在一周里的活跃走势图,确定了每周二、四都会进行话题讨论和分享。并且根据用户在 24 小时内的发言趋势图确定 8 点、13 点、18 点和 22 点这四个时间段发布话题预告。

3. 社群业务数据化

对于兴趣类、交流类等模式简单的社群,做到上面两步的社群用户分析基本就差不多了,社群运营者可以清晰地知道自身社群的运营情况和重点需要优化的数据。但对于盈利类社群来说,社群用户数量、活跃度、积极性等数据都是次要的,最核心的是营收数据。此外推广产品类、提供服务类的社群也是如此,提供的服务、创造的营收、推广的产品等都是社群的关键内容,都可以拆解出具体数据来,这里把这些数据统称为业务数据。

业务数据包括产品曝光总量、购买用户量、购买销售额等基础数据,还有用户留存率、复购率、用户满意度等复合型数据。不过要注意的一点是,不同社群的业务数据差异极大,甚至同类型的数据在不同社群会有完全不同的数值。这意味着社群运营者不能简单地通过对比来分析自身社群的业务数据,必须结合自身实际情况,加上地域、用户类型、用户购买力等参数,再进行分析判断。

8.2 常见的数据项目

通过数据化得出的众多数据可以整理为一个个数据项目,社群数据分析中最重要的就是社群的各个数据项目。社群运营者需要清晰地了解每个数据项目的价值和意义,结合自身社群的发展现状,找出需要分析的核心数据。再通过与往期数据的对比,得出分析结论。对于数据体现不佳的项目,需要设计优化方案,从而使得社群的运营模式日益完善。下面通过社群数据的群员数据、内容数据、业务数据三大类项目对常见的社群数据项目进行讲解。要注意的是,这三类数据并不是直接对应上方的数据化分类,不能把这两个方面的数据类别混为一谈。

8.2.1 群员数据

群员数据指的是社群内与用户本身相关的数据,常见的群员数据如下。

1. 新增人数

新增人数是指一定时期内社群内增加的人员数量,非净增人数,一般分为日新增人数、周新增人数、月新增人数三种,这些数据可以帮助社群运营者了解社群的发展趋势。在大多数社群中,新增人数多代表着社群的生命力强,有较强的吸引力;社群如果长期没有新成员进群,则说明社群的吸引力不足或者引流渠道出现了问题。社群运营者需要进行群员调查,了解群员是否对社群现状满意;并且盘点引流渠道,去除效果不好的渠道,开拓新的优质渠道。

2. 退群人数

退群人数是指一定时期内社群内总计减少的人员数量,非净减人数。与新增群员数类似,也常常分为日退群人数、周退群人数、月退群人数三种。退群人数一般与用户满意度直接挂钩,体现出社群的运营质量。社群中退群人数少说明用户较满意社群现状,退群人数多则说明社群运营出现了较大问题,需要社群运营者尽快调查和处理用户不满意的问题点。需要说明的一点是,社群管理者主动清理社群人员也会导致退群人数大幅上升,这属于特殊情况,不予计算。

此外,把退群人数除以社群总人数可以得出退群率,其价值和应对措施都和退群人数相似,这里就不再赘述。

3. 社群总人数

社群总人数就是社群中现有的人数统计数据,一般每周或每月统计一次,作为复合型数据的基数使用,其本身对社群的价值并不是很大。

4. 社群净增长人数

社群净增长人数通过新增人数减去退群人数而得,数据的正负可以帮助社群运营者分析社群处于上升阶段还是下滑阶段,其主要价值在于参考,而非直接得出结论。社群净增长人数低的应对措施是将提高新增人数的方法和降低退群人数的方法相结合。

5. 活跃用户数/社群活跃度

在统计活跃用户数前,社群运营者需要先定义"活跃"的标准,例如平均每天至少有一次发言,然后再通过这个标准来筛选出活跃用户,最后得出活跃用户数。把活跃用户数除以社群总人数就可以得到社群活跃度。社群活跃度是衡量社群质量的一个重要指标。一般来说,社群活跃度高代表着社群质量高,反之社群活跃度低代表着社群质量低。当遇到社群活跃度低的问题时,社群运营者需要反思自己的社群运营模式,看看是不是有哪些环节没做好或者没有做,此外也可以通过群话题、群分享等手段提高社群活跃度。

例如小熊的硬笔书法群中,已经完成班期的社群的社群活跃度普遍偏低,数据低于10%。于是小熊除了每日早报,还会定期抛一些干货和话题到社群中,引发群员的讨论,增加社群活跃度。

6. 活动参与人数/活动参与度

活动参与人数是指单次活动的参与总人数,而活动参与度是活动参与人数除以社群总人数而得出的比例数据。活动参与度可以体现用户的积极性和活动的质量,分为纵向比较和横向比较两种分析方法。纵向比较是指不同时期同类型的活动进行对比,从而得出用户积极性的变化;横向比较是指同一时期不同类型的活动进行比较,从而得出不同类型的活动质量的优劣。

当一个社群遇到活动参与度低的情况时,首先要分析出原因是用户积极性低还是活动质量差。如果是用户积极性低,社群运营者在之后应多举行增加用户积极性的活动,例如抽奖、送礼、答题等;如果是活动质量差,就需要整体复盘活动,找出活动中的缺点与不足并加以优化,争取下次活动实现较好的数据展现。

7. 消息量排名

消息量排名是指在一定时间内,统计社群内每个用户发送的消息量,以消息量为数据进行的排名。消息量排名的作用主要体现在两个方面:一是可以让社群运营者了解到社群里哪些人比较活跃,可以通过沟通争取把其发展为社群的核心用户;二是可以展现到社群中,作为一个话题增加用户讨论,也可以增加用户的攀比心理,促进社群活跃度的提升。

8. 用户黏性

用户黏性是一个较为复杂的指标项目,不同的社群有不同的计算方式。一般来说,社群运营者会先将用户黏性分为高、中、低三个层次,然后选定一些社群用户相关的数据,例如活动参与度、社群活跃度等,通过一定的算法得出用户黏性数值,最后归纳至高、中、低三个档次中。用户黏性高说明社群内用户对社群的忠实度高,会愿意为了社群而付出;反之用户黏性低会导致社群运营的效果差,用户退群率高。当用户黏性差时,社群运营者需要仔细分析其背后的原因,做出有针对性的举措。下面通过例8-1来补充说明如何提高用户黏性。

例8-1　××读书群提升用户黏性案例

某公司新开设了一个读书群,主要内容是大家一起读书,互相监督,然后每天进行讨论。社群建立得很快,但是由于建群时没有做好群员之间的引导互动工作,导致用户互相之间不熟悉,社群气氛冷清,用户黏性低,退群率高。

该公司及时调整了策略,采用了以下三个方式提高社群用户黏性。

(1) 引入社群管家

现在很多社群管家都有群签到功能,可让用户养成每日签到的习惯。该社群通过引入社群管家有效地让群成员每天自觉地到群里进行签到,并且还设置了激励机制,给予签到最多的群员一定的奖励。

(2) 举办大家都可以参与的活动

该社群根据社群人员的共同属性确定了一些活动,如书评比赛、每日读书笔记等。这样可以让群成员有一个共同的话题,当群成员看到群里有好的内容输出时,自然会经常查看群消息,进而提高群成员黏性。

(3) 线下聚会

线下聚会是一个公认的提高黏性的有效方法,该社群举办了数次线下聚会,如分享会、讨论会等,每一期都设定一个主题和流程。通过多次活动,用户黏性有了明显的提升。

9. 其他用户特定行为数据及比例

社群中用户的一些特定行为也会产生相应的数据项目,例如打卡、分享、发红包等行为会产生打卡量/率、分享量/率等数据。这些数据需要社群运营者按照社群实际运营情况和运营目的逐一进行分析。

8.2.2　内容数据

内容数据是指与社群内容相关的数据,其中大多数内容数据都需要先进行类别定性,然后进行归类，最终再得出数据。下面来介绍一下常见的内容数据项目。

1. 消息总量/人均消息量

消息总量指的是一定时期内社群中消息数量的总和；人均消息量是将消息总量除以社群人数而得的数据，一般用于辅助统计社群活跃度和用户黏性。在兴趣类、讨论类、分享类等以沟通交流为目的的社群中，人均消息量的数据对分析社群发展现状具有较大价值。人均消息量高说明社群气氛活跃，发展较好；人均消息量低说明群内气氛不佳，发展势头不好，需要社群运营者及时做出调整。在以转化和服务为目的的社群中，人均消息量的价值较小，甚至在一些专业度较高的服务类社群中，会禁止群员随意发言，这时人均消息量这一数据没有任何价值。

2. 消息的时间分布

消息的时间分布是指对于社群中消息数量随时间变化而产生的变化，通过统计得出的数量分布情况。这一数据主要分析的是消息与时间之间的关系，可以按一天的24小时计算，也可以按一周的每一天计算，具体时间的标准全由社群运营者设计，没有严格的标准。通过对消息的分布时间的分析，社群运营者可以得出社群中活跃的时间点，从而把活动、分享、推送等内容安排在社群活跃的时间点，大幅提高社群中的活动参与率和用户积极性，同时提高用户满意度。

3. 话题频次

话题频次指的是一定时期内社群中各个话题的出现次数。在分析话题频次前，社群运营者首先要通过对社群中所有消息的汇总整理，筛选出占比较高的主要话题，然后再把各个消息归纳到不同话题中，最后再做数量的统计。做话题频次的数据分析的主要目的是为了找出社群群员所喜好的话题，从而对群员的喜好进行分析，完善用户画像，使得活动、营销等行为更加受到用户的欢迎，提高社群的收益。

4. 内容高频词

内容高频词指的是一定时期内社群消息中出现的高频率的词语，主要用于辅助话题频次，找到用户的喜好和关注点，从而提升社群的运营质量。一般来说，内容高频词分析首先要通过第三方工具导出一定时期内全部的文本消息（不包括群员昵称等无效信息），然后导入NLPIR、图悦等词频分析工具，最终得出词频数据。图8-1是通过分析导出的词频图，其中字号越大代表出现的次数越多，字号越小代表出现的次数越少。

5. 观点倾向分布

观点倾向分布是指社群内不同观点在群员之中的分布情况，通俗来说就是哪些人持有哪些观点。通过观点倾向分布的分析，可以得知社群中群员的三观（世界观、价值观、人身观）和价值取向，帮助社群运营者更加了解用户，完善用户画像，从而如分析话题频次的作用一样，快速提升社群运营质量。一般来说，社群运营者需要通过调查问卷、群内投票、私下询问等方式来获取社群群员的观点。

图 8-1 词频图案例

例如小熊为了把用户画像做得更加精准,针对第三期、第四期、第五期硬笔书法社群进行了观点收集,结果如表 8-2 所示。

表 8-2 小熊调查出的部分观点分布图

字体选择	人数	学习方法	人数
楷书	41	课程	34
行书	36	字帖	30
花体	29	视频	21
其他字体	11	书籍	9
		其他	38

8.2.3 业务数据

业务数据是指社群中和营收、转化等实际业务指标相关的数据,下面介绍一下常见的业务数据项目。

1. 转化率

转化率是业务数据中最常见的数据,指的是某范围内产生价值的人数除以该范围内的总人数,例如广告购买转化率=购买人数/广告曝光人数。转化率是衡量社群运营效果的重要指标,也是在变现、推广等类型的社群中经常用于衡量社群运营者工作优劣的数据指标之一。转化率在大多数情况下都是越高越好,社群运营者需要全力去思考如何提高转化率。

2. 营销额

营销额是指在销售类或服务类社群中群员为社群运营者贡献的总销售金额,公式是营销额=客单价×销售量。统计营销额的目的主要是对外展示和进而计算利润,对外展示用于帮助社群运营者提高知名度,计算利润则是为了更好地进行业务分析。当营销额太低的时候,一般主要问题在于销售量低,这时需要社群运营者加大推广和营销的力度,同时尽力提高产品性价比。

> 📖 **多学一招:认识价外费用**
>
> 价外费用是指价外向购买方收取的手续费、补贴、基金、集资费、返还利润、奖励费、违约金(延期付款利息)、包装费、包装物租金、储备费、优质费、运输装卸费、代收款项、代垫款项及其他各种性质的价外收费。

3. 利润/利润率

利润是社群运营的重要成果,是社群运营者运营效果的综合反映,也是其最终成果的具体体现。利润的计算公式为:利润=营销额−总成本(包含税务等杂项费用)。利润是社群运营中一个很重要的指标,直接影响社群运营者的收益情况。

利润率的公式为:利润率=利润÷成本×100%,它是反映社群一定时期利润水平的相对指标。利润率指标既可考核社群利润计划的完成情况,又可比较不同社群之间和不同时期的运营管理水平,从而发掘运营亮点,提高整体收益。

4. 客单价

客单价的本质是在一定时期内每个付费用户消费的平均金额,离开了"一定时期"这个范围,客单价这个指标是没有任何意义的。客单价是衡量一个社群营销情况的重要指标,在流量转化都不变的情况下,高客单价也就意味着高收益。但是客单价并不是越高越好,需要结合社群的实际情况而定。客单价低能带来更多的销售量,但整体营销额可能不高;高客单价很容易带来高收益,但是也会导致销售量较低。客单价计算公式为:客单价=有效订单总金额(已成交)/总付费人数。

5. 会员数

会员数主要出现于使用会员制的社群中,会员的数量是会员制社群运营中的一个核心指标,会员越多说明营销的效果越好。当会员人数增长过慢的时候,社群运营者需要检查社群会员体系是否完善,并深入调查用户不愿加入的原因,然后加以优化。

8.3 数据分析方法

在了解完社群数据分析的基础理论后,下面从实际操作的角度来讲解一下如何做数据分析工作。本书在8.1.1节中讲过,数据分析的过程主要为收集数据、数据整理、数据解析和数据总结。由于行业不同会导致数据差异极大,数据分析的具体过程也各有千秋,本节不作详细的社群分析过程介绍,而是把社群数据分析过程中常见的方法按照数据分析的流程进行介绍。

8.3.1 收集数据

数据分析的第一步是收集数据,做好数据收集工作才能让数据分析工作顺利进行下去。一般来说,常用的数据收集方法有以下三种。

1. 工具抓取

工具抓取是指通过第三方工具来帮助社群运营者获取社群数据,结合上一章的内容我们可以知道,通过工具抓取可以获得用户入群与退群的数据、群内消息分布的数据、群内商品销售的数据、活动的参与人数等。在执行工具抓取时,首先要精准分析自身所需的数据有哪些、从哪些工具中可以获取数据,然后再使用工具进行抓取。图 8-2 是 WeTool 的发言数量监测界面,通过该界面可以观察和导出用户的发言情况数据。

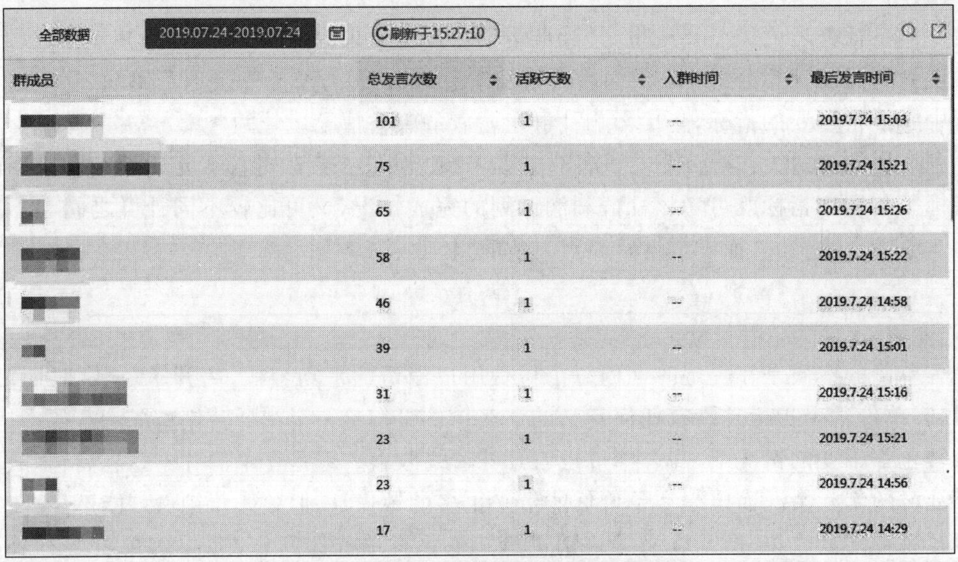

图 8-2 WeTool 的发言数量监测界面

2. 问卷普查

问卷普查是指通过问卷工具,以在社群内推送问卷、催促用户填写的形式,定向收集所需数据的一种方式。它包含单选题、填空题、判断题、简答题、多选题等形式。一般问卷普查用于重大数据收集和关键性数据收集中,因为填写问卷会花费用户大量的时间和精力,会消耗较多的用户体验,所以需要谨慎使用。

因此,完美的问卷必须具备两个功能,即能将问题传达给被问的人和使被问者乐于回答。要完成这两个功能,问卷设计时应当遵循一定的原则和程序,运用一定的技巧。常见的调查问卷设计原则有以下六点:

- 有明确的主题。根据主题,从实际出发拟题,问题目的明确,重点突出,没有可有可无的问题。
- 结构合理、逻辑性强。问题的排列应有一定的逻辑顺序，符合应答者的思维习惯。一般是先易后难、先简后繁、先具体后抽象。
- 通俗易懂。问卷应使应答者对问题一目了然并愿意如实回答。问卷中语气要亲切，符合应答者的理解水平和认识水平，避免使用专业术语。对敏感性问题采取一定的技巧调查，使问卷具有合理性和可答性，避免主观性和暗示性，以免答案失真。
- 控制问卷的长度。用户回答问卷的预计时间要控制在 10 分钟左右，问卷中既不浪费一个问句，也不遗漏一个问句。
- 便于资料的校验、整理和统计。
- 题型比例合适，通过不同形式的题型组合来增加用户对问卷的耐心。

市面上的问卷工具有很多，大多都是免费使用的，社群运营者可以按照自身需求自行挑选，图 8-3 为百度中检索出的问卷工具。

图 8-3　百度中检索出的问卷工具

3. 抽样调查

抽样调查是指通过调查询问一些具有代表性的用户，获取部分数据，经过分析及推测这些数据，最终得出整体数据的方法。显然，抽样调查虽然是非全面调查，但它的目的却在于取得反映总体情况的信息资料，因而也可起到全面调查的作用。

抽样调查数据之所以能用来代表和推算总体，主要是因为抽样调查本身具有其他非全面调查所不具备的特点，主要包括：

- 调查样本是按随机的原则抽取的,在总体中每一个单位被抽取的机会是均等的,因此能够保证被抽中的单位在总体中的均匀分布,不至于出现倾向性误差,代表性强。
- 以抽取的全部样本单位作为一个"代表团",用整个"代表团"来代表总体,而不是用随意挑选的个别单位代表总体。
- 所抽选的调查样本数量是根据调查误差的要求,经过科学的计算确定的,在调查样本的数量上有可靠的保证。
- 抽样调查的误差是在调查前就可以根据调查样本数量和总体中各单位之间的差异程度进行计算,并控制在允许范围以内,调查结果的准确程度较高。

抽样调查适用于重要但不是决定性影响的数据,例如对社群服务的满意度、对群分享的建议、对社群氛围的评分等。在社群中做抽样调查时,需要严格地对调查计划进行设计,尽量把问题精准化,通过判断题的方式来询问被调查对象,避免用户反感和厌倦。

抽样调查的一般步骤如下:

- 制定抽样对象;
- 决定样本规模;
- 决定抽样方式;
- 实施抽样调查并推测总体。

8.3.2 数据整理

在收集完数据后,需要对数据进行整理,其中包含了清理、加工、组合三个过程。清洗过程是指把无效的、错误的、影响客观分析的数据清理出去,一般是通过纯手工的方式在表格中完成;数据加工是指把基础数据加工为复合型数据或核心数据,例如把活跃用户数和社群总人数加工为社群活跃度,具体加工情况需要按照不同社群的实际情况分析;组合是指把各个数据组放进同一个表格中,这里的放进表格不是简单地放,而是有一定的规则和方法,可以使数据更加清晰和容易理解。下面通过数据表和数据图两种数据整理展现方法来进行详细讲述。

1. 数据表

在实际工作中,我们往往会把数据放在表格中进行具体的操作,其中除了建立表格、公式计算、筛选排序等基础操作外,最常用到的是一个叫数据透视表的功能。

数据透视表是一种交互式的表,可以进行某些计算,如求和与计数等。所进行的计算与数据在数据透视表中的排列有关。之所以称为数据透视表,是因为可以动态地改变它们的版面布置,以便按照不同方式分析数据,也可以重新安排行号、列标和页字段。每一次改变版面布置时,数据透视表会立即按照新的布置重新计算数据。另外,如果原始数据发生更改,则可以更新数据透视表。

下面通过例8-2来详细说明数据透视表在社群数据分析工作中的使用方法。

例8-2 硬笔书法社群收益分析

小熊在计算完群员变化和收益情况后,还想详细了解一下收益的具体情况,于是他统计出了表8-3。

表 8-3　硬笔书法社群广告数据表

广 告 名 称	营销类型	浏览人数	参与人数	转化率/%
硬笔书法特供纸限时特惠五折起	折扣	316	41	12.97
这里有一种躺着赚钱的方法	送礼	492	124	25.20
谁是锦鲤——海量福利放送	抽奖	427	354	82.90
古诗之王争夺战	评比	168	24	14.29
顶级铅笔买一送一	折扣	246	17	6.91
你必须知道的硬笔书法常识	评比	410	234	57.07
谁是抖音大神	评比	365	27	7.40
爆款课程免费领	送礼	503	392	77.93
618 特价抢购	折扣	527	62	11.76
硬笔书法作品集赞送好礼	评比	434	153	35.25
苏州阿小零食特惠福利	折扣	372	34	9.14
3000 份大师作品合辑免费送	送礼	456	214	46.93
转发抽奖送端午福利	抽奖	481	302	62.79
绕方书法专属满减活动	折扣	369	18	4.88
御用文房四宝花落谁家	抽奖	356	158	44.38
必备的硬笔书法初阶指南	送礼	485	211	43.51
大师联名马克杯随时特惠	折扣	176	3	1.70
转发抽奖送精品字帖	抽奖	384	136	35.42
爱国硬笔书法作品评选	评比	513	186	36.26
一花一世界仿写大赛	评比	327	45	13.76

由于小熊在社群中推广的都是链接形式的广告，在甲方处都能获取浏览量和购买数，因此才能有详细数据。通过表 8-3 并不能直观地了解收益情况，于是小熊把表做成了数据透视表，过程如下。

STEP 1　小熊打开做分析的 Excel，选中全部数据区域，单击"插入"命令，选择"数据透视表"选项，如图 8-4 所示。弹出如图 8-5 所示的"创建数据透视表"窗口，单击"确定"按钮，得到如图 8-6 所示界面。

图 8-4　"数据透视表"选项

图 8-5　"创建数据透视表"窗口

STEP 2　接着小熊把图 8-7 中数据透视表字段列表的 5 个数据项全部打勾，把字段拖曳到如图 8-8 所示的位置上。此时小熊看到数据透视表形式已经完成了，如图 8-9 所示。

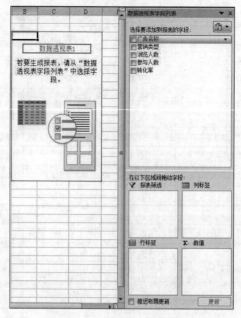

图 8-6 数据透视表制作界面

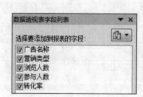

图 8-7 数据透视表字段列表

图 8-8 字段布局

行标签	求和项:浏览人数	求和项:参与人数	求和项:转化率
⊟抽奖	1648	950	2.254885332
谁是锦鲤——海量福利放送	427	354	0.829039813
御用文房四宝花落谁家	356	158	0.443820225
转发抽奖送端午福利	481	302	0.627858628
转发抽奖送精品字帖	384	136	0.354166667
⊟评比	2217	669	1.640283793
爱国硬笔书法作品评选	513	186	0.362573099
古诗之王争夺战	168	24	0.142857143
你必须知道的硬笔书法常识	410	234	0.570731707
谁是抖音大神	365	27	0.073972603
一花一世界仿写大赛	327	45	0.137614679
硬笔书法作品集赞送好礼	434	153	0.352534562
⊟送礼	1936	941	1.935706368
3000份大师作品合辑免费送	456	214	0.469298246
爆款课程免费领	503	392	0.779324056
必备的硬笔书法初阶指南	485	211	0.435051546
这里有一种躺着赚钱的方法	492	124	0.25203252
⊟折扣	2006	175	0.473723377
618特价抢购	527	62	0.117647059
大师联名马克杯限时特惠	176	3	0.017045455
顶级钢笔买一送一	246	17	0.069105691
练方书法专属满减活动	369	18	0.048780488
苏州阿小零食特惠福利	372	34	0.091397849
硬笔书法特供纸限时特惠五折起	316	41	0.129746835
总计	7807	2735	6.30459887

图 8-9 初具形式的数据透视表

STEP 3 但是数据分析需要做的是平均值而非总值,于是小熊把字段布局中"数值"项内的三个数值进行了修改,方法如图 8-10 和图 8-11 所示,结果如图 8-12 所示。其中为了便于计算和展现,小熊把"浏览人数"和"参与人数"都设置为"0 位小数","转化率"设置为百分比格式,保留两位小数。

图 8-10　选中字段右侧下拉箭头,选择"值字段设置"选项

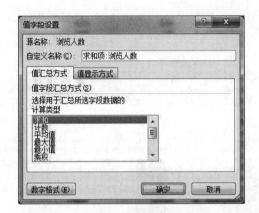

图 8-11　计算类型中选择"平均值",在数字格式中修改数字形式

图 8-12　结果显示全部为平均值项

STEP 4 此时小熊已经获得了完整的数据透视表,如图 8-13 所示。

行标签	平均值项:浏览人数	平均值项:参与人数	平均值项:转化率
⊟抽奖	412	238	56.37%
谁是锦鲤——海量福利放送	427	354	82.90%
御用文房四宝花落谁家	356	158	44.38%
转发抽奖送端午福利	481	302	62.79%
转发抽奖送精品字帖	384	136	35.42%
⊟评比	370	112	27.34%
爱国硬笔书法作品评选	513	186	36.26%
古诗之王争夺战	168	24	14.29%
你必须知道的硬笔书法常识	410	234	57.07%
谁是抖音大神	365	27	7.40%
一花一世界仿写大赛	327	45	13.76%
硬笔书法作品集赞送好礼	434	153	35.25%
⊟送礼	484	235	48.39%
3000份大师作品合辑免费送	456	214	46.93%
爆款课程免费领	503	392	77.93%
必备的硬笔书法初阶指南	485	211	43.51%
这里有一种躺着赚钱的方法	492	124	25.20%
⊟折扣	334	29	7.90%
618特价抢购	527	62	11.76%
大师联名马克杯限时特惠	176	3	1.70%
顶级钢笔买一送一	246	17	6.91%
绕方书法专属满减活动	369	18	4.88%
苏州阿小零食特惠福利	372	34	9.14%
硬笔书法特供纸限时特惠五折起	316	41	12.97%
总计	390	137	31.52%

图 8-13　完成后的数据透视表

通过数据透视表,小熊可以清晰地看到,抽奖类广告和送礼类广告的浏览人数较多,参与人数也较多,拥有很高的转化率;而评比和折扣广告浏览人数较少,其中折扣类广告的参与人数和转化率都很少(低)。这一方面和广告类型本身的属性相关,例如愿意参与抽奖的人肯定会比参与购买行为的人多;另一方面也和广告名称有关,带有"免费""送"等关键词的广告内容更受欢迎。

另外,从每个类型的内部进行分析,小熊也发现了转化率低的广告普遍都带有用户不感兴趣的关键词,如"马克杯""抖音"等,于是决定以后的广告要尽量贴合用户的喜好来取名。

2. 数据图

除了数据表之外,在数据整理工作中还往往会用到各种数据图来进行展示,下面对常用的数据图进行简单的介绍。

1)柱形图

柱形图是实际工作中最常使用的图表类型之一。它可以通过垂直或水平的条形展示维度字段的分布情况,直观地反映一段时间内各项的数据变化,在数据统计和销售报表中被广泛应用。图8-14即为柱形图。

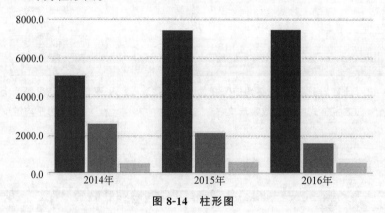

图8-14 柱形图

2)折线图

排列在工作表的列或行中的数据可以绘制成折线图。折线图可以显示随时间(根据常用比例设置)而变化的连续数据,因此非常适用于显示在相等时间间隔下数据的趋势。在折线图中,类别数据沿水平轴均匀分布,所有值数据沿垂直轴均匀分布,图8-15即为折线图。

3)饼图

饼图主要用来显示数据系列中各个项目与项目总和之间的比例关系,它只能显示一个系列的比较关系。如果有一个系列同时被选中作为数据源,那么该饼图只能显示其中的一个系列。因此饼图更适用于不要求数据精细的情况下,制作简单的占比图,图8-16即为饼图。

4)箱形图

箱形图又称为盒须图、盒式图或箱线图,是一种用于显示一组数据分散情况的统计图,因形状如箱子而得名。它主要用于反映数据分布的特征,还可以进行多组数据分布特征的

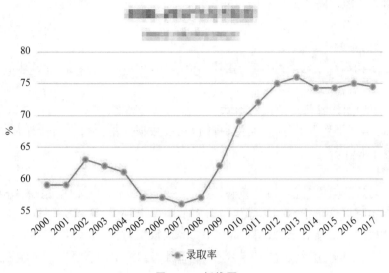

图 8-15　折线图

比较。箱线图的绘制方法是：先找出一组数据的最大值、最小值、中位数和两个四分位数；然后连接两个四分位数画出箱子；再将最大值和最小值与箱子相连接，中位数在箱子中间。图 8-17 所示即为箱形图结构。

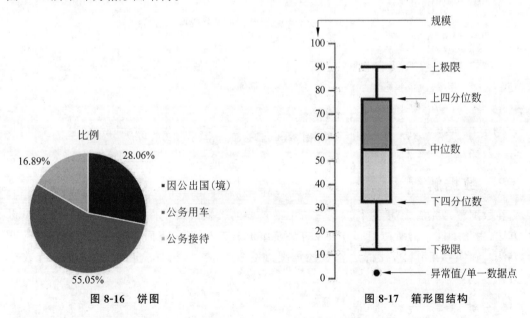

图 8-16　饼图

图 8-17　箱形图结构

箱型图主要有以下三个价值。

（1）直观明了地识别数据批中的异常值

数据中的异常值值得关注，忽视异常值的存在是十分危险的，不加剔除地把异常值包括进数据的计算分析过程中会给结果带来不良影响；重视异常值的出现并分析其产生的原因常常成为发现问题进而改进决策的契机。

(2) 利用箱形图判断数据批的偏态和尾重

对于标准正态分布的样本，只有极少值为异常值。异常值越多说明尾部越重，自由度越小（即自由变动的量的个数）。

而偏态表示偏离程度，异常值集中在较小值一侧，则分布呈左偏态；异常值集中在较大值一侧，则分布呈右偏态。

(3) 利用箱形图比较几批数据的形状

同一数轴上，几批数据的箱形图并行排列，几批数据的中位数、尾长、异常值、分布区间等形状信息便一目了然。

5）雷达图

雷达图又可称为戴布拉图、蜘蛛网图，是专门用来进行多指标体系比较分析的专业图表。从雷达图中可以看出指标的实际值与参照值的偏离程度，从而为分析者提供有益的信息。雷达图一般用于成绩展示、效果量化对比、多维数据对比等，只要有前后2组3项以上数据，就可制作雷达图。其展示效果非常直观，而且图像清晰耐看，图8-18即为雷达图。

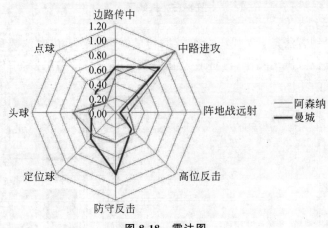

图 8-18　雷达图

8.3.3　数据解析

在数据整理完后，就要进行数据分析中最重要的数据解析工作。数据解析工作有很多的方法，由于不同社群所使用的方法及方法使用情况皆不相同，下面简单介绍一些较为常见的方法。在实际工作中，社群运营者还需要结合实际情况，选择合适的方法来进行数据解析。

1. 分类

分类是一种基本的数据解析方式。根据数据特点，可将数据对象划分为不同的部分和类型，通过进一步分析，能够挖掘事物的本质。

2. 回归

回归是一种应用广泛的统计分析方法。可以通过规定因变量和自变量来确定变量之间的因果关系，建立回归模型，并根据实测数据来求解模型的各参数，然后评价回归模型是否能够很好地拟合实测数据。如果能够很好地拟合,则可以根据自变量作进一步预测。

3. 聚类

聚类是根据数据的内在性质将数据分成一些聚合类,每一聚合类中的元素尽可能具有相同的特性,不同聚合类之间的特性差别尽可能大的一种分类方式。其与分类分析不同,所划分的类是未知的,因此聚类分析也称为无指导或无监督的学习。

数据聚类是用于静态数据分析的一门技术,在许多领域受到广泛应用,包括机器学习、数据挖掘、模式识别、图像分析以及生物信息。

4. 相似匹配

相似匹配是通过一定的方法来计算两个数据的相似程度,相似程度通常会用一个百分比来衡量。相似匹配算法被用在很多不同的计算场景,如用户输入纠错、推荐统计、自动评分系统等领域。

5. 统计描述

统计描述是根据数据的特点,用一定的统计指标和指标体系表明数据所反馈的信息,是对数据进行分析的基础处理工作,主要方法包括平均指标和变异指标的计算、资料分布形态的图形表现等。

6. 因果分析

因果分析法是利用事物发展变化的因果关系来进行预测的方法。运用因果分析法进行市场预测时主要是采用回归分析方法,除此之外,社群盈利模型和投入产出分析等方法也较为常用。

8.3.4 数据分析报告

在完成数据分析后,一般都需要制作出书面的数据分析报告,来记录或汇报此次数据分析工作。下面简单地介绍一下数据分析报告的组成部分。

1. 标题页

标题页就是数据分析报告的题目,在较为正规的数据分析报告中,标题会单独作为一页。数据分析报告的标题往往会有副标题,既要表现分析主题,还要简洁明了。一般标题页会包含以下内容。

1) 介绍分析报告背景

背景主要包括公司名、行业类别、时间点等信息,精准限定了数据分析报告的适用环境。

2) 概括主要内容

标题页中会概括出该数据分析报告的研究对象,例如《2019年硬笔书法社群广告营收分析报告》中就凸显出了"广告营收"这一研究对象。

3) 给报告定性

标题页中标题的最后几个字往往就是给数据分析报告定性,例如"分析报告""观点论述""应对措施"等,从这些定性词上可以直接看出该数据分析报告的意义与目的。

2. 目录

目录可以帮助阅读报告的人(以下简称"读者")快速了解报告整体结构,帮助读者快速地找到所需内容,因此要在目录中列出报告主要章节的名称。如果是在 Word 中撰写报告,还要在章节名称后面加上对应的页码,对于比较重要的二级目录,也可以将其列出来。所以,目录相当于数据分析大纲,它可以体现出报告的分析思路。

3. 前言

前言是分析报告的重要组成部分,主要有分析背景、分析目的和分析思路三个方面,可以结合以下这些问题进行思考:

- 为什么要开展此次数据分析?
- 主要分析什么内容?
- 数据分析报告要展示给谁看?
- 通过此次分析能解决什么问题?达到何种目的?
- 如何开展此次分析?分析到什么程度?

所以,前言的写作一定要经过深思熟虑。前言内容是否正确对最终数据分析报告是否能解决社群问题以及能否给社群运营者提供有效依据会起到决定性的作用。

4. 报告正文

正文是主体,也是数据分析报告最主要的部分,它将系统全面地表达分析过程和结果。正文通过展开论题,对论点进行分析论证,表达撰写报告者的见解和研究成果的核心,因此占了大半部分的篇幅。

撰写报告正文时,应根据之前分析思路中确定的每项分析内容,利用各种数据分析方法,一步一步地展开分析,采用图表及文字相结合的方式,以方便读者理解。一篇报告只有想法和主张是不行的,必须经过科学严密的论证,才能确认观点的合理性和真实性,才能使别人信服。因此,报告主题部分的论证是极为重要的,报告正文具有以下几个特点:

- 是报告中最长的部分。
- 包含所有数据分析事实和观点。
- 通过数据图表和相关的文字结合分析。
- 正文各部分具有逻辑关系。

5. 结论与建议

在报告的最后,报告撰写者需要根据对数据的分析得出结论并提出建议,它起着画龙点睛的作用,是整篇分析报告的总结。好的结尾可以帮助读者加深认识、明确主旨,引发思考。

结论是以数据分析结果为依据得出的总结,通常以综述性的文字表述。它不是分析结果的简单重复,而是结合社群实际业务情况,经过综合分析形成的总体论点。结论应是去粗取精、由表及里而抽象出的共同的、本质的规律,它与正文紧密衔接,应做到首尾呼应,措辞严谨、准确。

建议是根据结论对社群运营问题提出的解决方法，主要关注保持优势和改进劣势等方面。因为报告撰写者所给出的建议主要是基于数据分析结果而得到的，会存在局限性，因此必须结合社群的具体业务才能得出切实可行的建议。

6. 附录

以上就是数据分析报告的基本结构，但是还有一个部分不可忽视，就是报告的附录。附录是数据分析报告一个重要的组成部分。一般来说，附录提供正文中涉及而未阐述的资料，有时也含有正文提及的资料，从而向读者提供一条深入了解数据分析报告的途径。它主要包括报告中涉及的专业名词解释、计算方法、重要原始数据等内容。

8.4 本章小结

本章主要讲解了社群数据分析的相关知识，包括了解数据分析、常见的数据项目、数据分析方法三个小节。

通过本章学习，读者应了解数据分析的定义和价值、社群数据化、数据分析的方法，掌握数据分析常见的数据项目，并且能活学活用。

第 9 章

项目实战——新媒体知识分享群发展历程

【学习目标】

思政案例

知识目标	➤ 了解知识付费类社群的发展流程
技能目标	➤ 掌握社群起步期及发展期的运营方法

9.1 社群背景介绍

本章将通过一个真实的社群案例来详细讲解一个知识付费社群是如何建立、发展的。首先介绍一下这个社群的背景,由于该社群为个人创建,因此包含了社群创始人、建群原因两个组成部分。

1. 创始人简介

该社群创始人 L 先生原先是一家知名自媒体的签约作者,在情感类内容运营上有着丰富的经验和成果,曾经写出过多篇爆款文章。经过多年的积累,L 先生具备了丰富的新媒体知识和一群忠实的粉丝。此外,L 先生在多年的工作中也积累了一定资金,可以支撑起自己独立搭建一个社群体系。

以上这些都是 L 先生经过长期积累获得的,可以称为建立社群的"软实力",没有这些"软实力",社群是很难维系长久的。

2. 建群原因

一直以来,有不少该自媒体的用户通过私聊或留言的形式向 L 先生表达想要学习怎么做好新媒体运营的愿望;此外 L 先生也萌发了通过知识付费赚取额外收入的想法。最终,L 先生决定建立一个新媒体知识分享群,旨在帮助每个群员获得更多实用的新媒体知识,并且为群员搭建交流沟通的平台,从而通过培训、沟通的形式,解决群员的疑惑、烦恼;同时也可以为 L 先生自己带来营收。

9.2 社群起步期

在确定要建立社群后,L先生首先完成了社群起步期的四个环节,包括建群准备、初始用户、初期运营工作、优化社群工作,下面逐一进行讲解。

9.2.1 建群准备

建群准备主要是指L先生在创建社群前所做的准备工作,包含了设计商业模式、选择平台、竞品分析、建立群规则四个部分。

1. 设计商业模式

L先生做建群准备的第一步是设计整个社群的商业模式,其中的关键为既要能实现群员的持续知识收获,又要尽量降低自身的工作量。毕竟如果按照常见的知识分享社群模式,仅由群主担任分享者角色的话,太过于考验群主的知识积累和汇编能力,也太过于费时费力。

经过思考,L先生最终决定采用"群主分享+群员分享"的模式,即入群需要缴纳一定押金,每两周固定有一次群主分享,其他时间不固定有群员进行分享,完成分享的群员可以拿回押金。对于群员分享的内容会由群主进行审核,质量高的分享内容才允许在社群中分享。群员分享模式如图9-1所示。

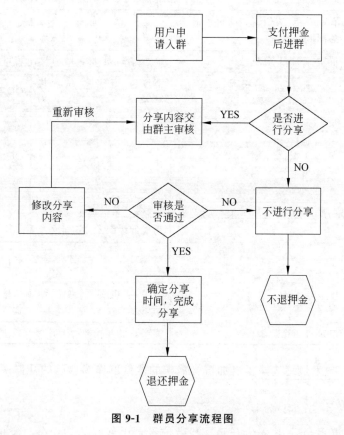

图 9-1 群员分享流程图

这一模式一方面保障了群员能获取大量的知识,另一方面也降低了群主的分享难度,群主可以通过调节群员分享次数来控制运营节奏。

> **多学一招:认识商业模式**
>
> 简单来说,商业模式就是企业或个人是以什么样的方式来盈利和赚钱的。构成赚钱的这些服务和产品的整个体系称为商业模式。换而言之,商业模式是企业进行赖以生存的业务活动的方法,决定了企业在价值链中的位置。
>
> 在本章中,商业模式特指社群的商业模式,包含了如何运营社群、社群的"玩法"和社群的变现方式。

2. 选择平台

确定好模式后,L先生开始寻找适合自己社群的平台。由于社群的商业模式决定了搭配的社群平台必须具有足够的开放性和充足的功能组件,因此L先生把选择的范围定在了QQ群和微信群之间。L先生制作了如表9-1所示的对比表。

表 9-1 QQ 群和微信群对比表

平台	QQ 群	微 信 群	需求匹配结果
活跃用户	90、00 后为主	全方位	微信群
社群规模	3~2000 人	3~500 人	皆可
社群特色	有群介绍、头像、标签,可以升级为同城群等	使用简单	微信群
管理结构	群主-管理员-群员结构	群主-管理员-群员结构	皆可
社群玩法	红包、收款、匿名聊天、礼物、音乐等 20 余项功能	群红包、群收款、位置共享等	QQ 群
推广方式	• 群二维码 • 群链接 • 个人邀请加入 • 搜索群号 • 通过标签、名字等形式查找	• 群二维码 • 个人邀请加入	QQ 群
适用场景	组织严密、对功能需求多的大型团体	较轻松、不需要太多软件功能的组织	微信群
与新媒体用户群的匹配度	低	中	微信群
其他优势	自带直播分享工具	公众号也是在微信体系中	微信群和 QQ 群各有优势
其他劣势	功能过于庞杂	需要自己寻找辅助工具	微信群劣势较小一些

经过对比,L先生最终选择了更加符合需求的微信群作为自己的社群平台。

3. 竞品分析

在确定完社群平台后,L先生开始寻找微信平台中新媒体知识分享类的社群进行竞品分析,旨在深入了解这些社群的运营内容,从而参考制定自身社群中的内容类型。

但是由于微信生态的封闭性和各个网络平台禁止私自打广告的规则,L先生并没有在网络上检索到相应的竞品社群,于是L先生另辟蹊径,准备通过自己的粉丝寻找竞品社群。他向有联系方式的粉丝咨询了他们现在在什么社群中、是否可以拉他入群等问题,最终得以进入了5个运营得较好的社群。

经过一段时间的观察,L先生得出了以下的信息,如表9-2~表9-6所示,并把KANO模型分析法按照自己的需求进行了改变,使得分析结果更加符合自身的需求。

表9-2 大泽老师新媒体分享群

大泽老师新媒体分享群	
内容类型	每日资讯、知识链接、福利赠送
知识类型	内容运营、平台运营、工具使用

表9-3 微课答疑福利群

微课答疑福利群	
内容类型	每日资讯、每日话题讨论、答疑互动、福利赠送
知识类型	内容运营、活动运营、用户运营

表9-4 【四节课】新媒体19群

【四节课】新媒体19群	
内容类型	每日资讯、专题分享、福利赠送
知识类型	内容运营、用户运营、平台运营、工具使用

表9-5 包子商学院新媒体公开课群

包子商学院新媒体公开课群	
内容类型	每日资讯、知识链接、专题分享
知识类型	内容运营、用户运营、宣传推广

表9-6 北京新媒体运营交流群

北京新媒体运营交流群	
内容类型	知识链接、答疑互动
知识类型	平台运营、宣传推广、工具使用

在整理汇总了各个社群的内容类型和知识类型后,L先生通过建立如图9-2所示的表格分布图,得出了以下结论。

- 每日资讯、知识链接、福利赠送这三类内容存在比例较高,应该尽量在社群中推行。
- 每日话题讨论、互动答疑、专题分享则需要经过筛选后判断是否需要。
- 内容运营类的知识存在比例较高,用户需求量较大,一定需要推送。

- 用户运营、平台运营、工具使用则需要经过筛选后判断是否需要。
- 如无用户主动提出需求,活动运营及宣传推广不进行推送。

内容类型		知识类型		
每日资讯	●●●◐◯	内容运营	●●●●◯	● 大泽老师新媒体分享群
知识链接	●●●◐◯	用户运营	●●●◐◯	● 微课答疑福利群
福利赠送	●●◐◯◯	活动运营	●●◐◯◯	● 【四节课】新媒体19群
每日话题讨论	●●●◐◯	宣传推广	●◐◯◯◯	● 包子商学院新媒体公开课群
互动答疑	●●◐◯◯	平台运营	●◐◯◯◯	● 北京新媒体运营交流群
专题分享	●◐◯◯◯	工具使用	●◐◯◯◯	

图 9-2　L 先生统计出的表格分布图

4.建立群规则

在确定社群运营的内容类型后,还需要建立起完整的群规,来进一步细化社群的运营体系和规则。经过思考,L 先生制定出了如下的群规则。

现在由于新媒体公司越来越多,行业竞争越来越激烈,很多人都遇到了运营瓶颈,如获客成本高、涨粉慢、转化率低等。一边是老板给的 KPI,一边是越来越难做的运营,很多小伙伴徘徊在"被离职"的边缘。

如何快速提升自己实力,成为一个优秀的新媒体运营,我想有两个要素:一个是加强知识储备,了解更多的方法论;另一个是实战经验,了解不同情况下的应对措施。所以我搭建了这个社群,就是想通过大家一起分享自己的新媒体知识来打破知识壁垒,获取更多的经验和教训。这个群的相关介绍如下。

加群须知:

(1)私聊告诉我你想加入社群,加上"昵称+城市+所在行业"信息,我会进行审核。

(2)审核通过后我会通知你,然后支付 99 元入群押金(押金在你分享完后会主动退给你)。

(3)感觉自己现在没能力分享,又想进群旁听的,可以先交押金 99 元,等以后想分享了,可以主动分享,然后会把钱退给你。

(4)不要担心加入得晚,看不到之前的上课内容。之前上课的内容都会上传到共享云盘永久保存,供大家下载。

(5)我们会有志愿者提前一周在群里征集大家下周的分享时间,一般为每周一次固定分享,时间为周六晚上 9 点。例如今天周二,我们会在群里问一下周六谁进行分享,你准备好了就可以报名,制作好分享大纲发给我审核,审核通过才可以进行分享。

群规则:

(1)把群昵称改为"昵称-城市-行业"。

(2)欢迎围绕学习任务提问、进行高质量的讨论。

(3)欢迎围绕作业进行讨论。

(4)欢迎分享学习心得。

(5)禁止不文明用语。

(6)禁止刷屏。

(7)禁止传播与本群学习主题无关的链接、文件、广告和推销。

(8)禁止群内发自建群二维码。

(9) 特殊时段需要禁言,请大家自觉配合。

(10) 违反相关规定的学员会被拉"小黑屋"(临时请出课程群,一天后拉回)。

群分享规则:

(1) 分享者进群前务必先加我工作号微信:××××××××,这个是群管理微信,之后有什么问题都可以发给这个号。

(2) 分享者需要提前一周把分享大纲发给我审核,确保质量。思维导图、Word大纲都可以,分享时长在一小时左右。

(3) 每次分享内容我都会录屏,上传到指定百度云网盘,进群后会将你加入网盘分享组。

(4) 如果临时有事需要至少提前24小时告诉我,不到24小时的算作放鸽子行为,直接踢出社群。

(5) 分享方式是采用CCtalk,需要小伙伴们自己安装这个软件,入群后我会私发你具体操作指南。

> **多学一招:群规则编写的小技巧**
>
> - 最好使用第一和第二人称,可以拉近用户和群主之间的情感距离,更有利于之后群主与用户之间的交流。
> - 尽量在群规则中添加群主个人或社群客服的联系方式,以便用户能及时联系上社群运营者,避免用户体验的降低。

9.2.2 初始用户

在确立完社群基础的制度规则后,L先生就开始着手启动社群了。首先要做的是获取社群起步期最重要的初始用户,只有有了初始用户社群才能逐步走上正轨。在整个吸纳初始用户的过程中,可以分为设计初始用户(设计好初始用户的用户画像)和获取初始用户(通过用户画像来招收初始用户)两个环节。

1. 设计初始用户

为了确定要吸纳什么属性的初始用户,L先生决定先了解自己现有的粉丝的属性(粉丝画像)和想获取新媒体知识的用户的属性(目标用户画像),然后通过对比分析,得出详细的初始用户画像。其中,L先生为了保证初始用户的多样性,初始用户的范围设定为核心成员、意见领袖、活跃者这三个层级的用户。

1) 粉丝画像

L先生先针对自己现有的粉丝进行调查并设计了一份调查问卷,内容如下:

1. 您的年龄
   A. 18岁以下   B. 18~25岁   C. 25~35岁   D. 35岁以上
2. 您的性别
   A. 男   B. 女
3. 您的岗位
   A. 内容编辑   B. 活动策划   C. 投放官   D. 增长官

E. 产品相关工作　　F. 技术相关工作　　G. 用户运营　　H. 商务人员
　　I. 其他

4. 您所在的行业
（填空）

5. 想学的知识（双选题）
　　A. 内容运营　　B. 用户运营　　C. 平台运营　　D. 工具使用技巧
　　E. 活动运营　　F. 宣传推广

6. 您当前遇到的新媒体运营问题
（填空题）

7. 您的兴趣爱好
　　A. 时尚　　B. 运动　　C. 游戏　　D. 美食
　　E. 社交　　F. 旅行　　G. 其他

8. 您常用的常用社交平台（双选题）
　　A. QQ　　B. 微信　　C. 微博　　D. 抖音
　　E. 小红书　　F. 知乎　　G. 其他

L先生将这份问卷私发给一些粉丝和朋友圈并写明答完问卷可以领取红包，另外还发至签约的公众号，让他们帮忙转发。最终得到了104份答卷，经过统计，得出了如图9-3～图9-9所示的饼图数据。

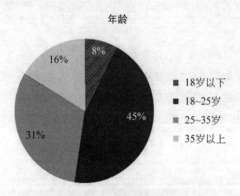

图 9-3　年龄问题项比例

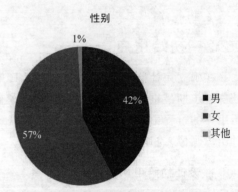

图 9-4　性别问题项比例

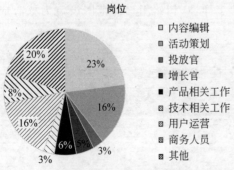

图 9-5　岗位问题项比例

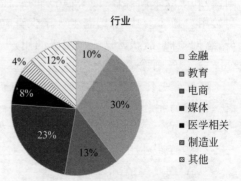

图 9-6　行业问题项比例（分类后）

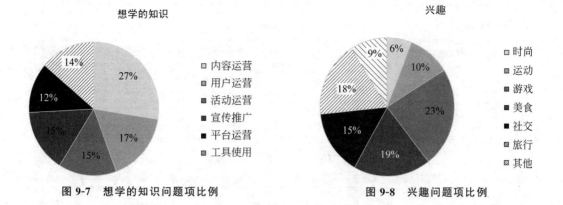

图 9-7　想学的知识问题项比例　　　　　图 9-8　兴趣问题项比例

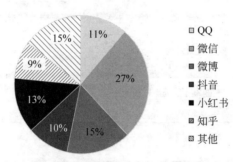

图 9-9　常用社交平台问题项比例

此外，L 先生还通过用户遇到的问题这一调查项，得知了用户的具体需求，在后期 L 先生知识分享的选题工作中起到了重要作用。

最终，L 先生得出了如表 9-7 所示的粉丝画像。

表 9-7　粉丝画像

年　龄	性　别	岗　位	行　业
主要在 18～35 岁之间，以年轻人为主	女性数量略多于男性	以新媒体相关运营岗位人员为主，其中内容编辑、活动策划、用户运营人数占比最高，其他岗位和其他领域职业也有一定的占比	教育、电商、媒体行业人数最多，占比一半以上，其余金融、医学等领域也有一定的用户量
想学的知识	兴　趣	常用社交平台	
想学的知识以内容运营为主，用户、活动、平台、工具等知识也有较高的需求度	兴趣以游戏、美食、社交、旅游为主	微信的使用率最高，其次是微博和小红书，其余平台用户也都有所涉及	

2）目标用户画像

然后 L 先生针对目标用户也进行了属性分析。首先他通过知名新媒体知识类公众号进行调查，得出了如图 9-10～图 9-12 所示的信息。

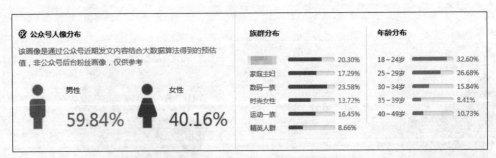

图 9-10　新榜公众号用户数据

图 9-11　运营研究社公众号用户数据

图 9-12　顶尖文案公众号用户数据

接着 L 先生还通过微博、行业数据报告等渠道搜集了各类信息，得出了如表 9-8 所示的目标用户画像。

表 9-8　目标用户画像

性　别	年　龄	兴　趣
男性占比高于女性	主要以 20～30 岁人群为主，18～20岁与 30～35 岁用户也有一定占比	用户对于美食、旅游、影视、娱乐等领域具有较大兴趣
关 注 点	常 用 平 台	
用户最在意用户增长领域，其次是内容运营、活动运营等内容	最常用的为微信、微博、头条号平台，抖音占比也较高，知乎、趣头条、小红书等平台有一定占比	

3）种子用户

种子用户即核心成员与意见领袖的总和，也就是指社群中最重要的用户部分。种子用户是初始用户中占比较高的部分。在种子用户的用户画像设计中，L 先生更多地参考了粉丝画像的数据，原因是粉丝对于 L 先生有更高的认可度，可以更好地担负起核心成员和意见领袖的责任。通过分析以上两个用户画像，L 先生最终设计出了如表 9-9 所示的种子用户画像。

表 9-9 种子用户画像

性别	年龄	关注点	活跃度
女性为主	25-35 岁之间	高质量内容编辑技巧、用户增长方法、顶尖活动策划方法、各类工具使用方法等	高
常用平台	岗位	从业经验	其他
微信、微博、抖音	内容编辑、用户增长等岗位的主管及以上岗位	在新媒体领域有 2 年以上工作经验	• 对群主好感度高，能主动配合各类活动，能自发进行宣传 • 愿意积极回答其他群员提出的问题

对于这些种子用户，L 先生给予了一定的奖励措施：免除押金，且每分享一次都能获得 99 元奖励金。

4）活跃者用户

在初始用户中，由于种子用户会对社群过于宽容，导致社群运营者没法获得正确的用户反馈，因此也需要有一定量的普通用户的存在。其中由于活跃者用户能比较好地向社群运营者反馈社群运营问题，因此 L 先生选取了活跃者层级的用户来作为初始用户的一部分。通过他们，L 先生可以分析判断出社群运营中的问题点。

由于对于活跃者没有太高的辅助社群运营的要求，同时出于测试目标用户满意度的需求，因此对于活跃者用户的要求会低于对种子用户的要求，并且活跃者用户的画像更接近于目标用户画像。表 9-10 是 L 先生设计出的活跃者用户的用户画像。

表 9-10 活跃者用户画像

性别	年龄	关注点
男性为主	18～35 岁之间	内容编辑、用户运营、平台运营、活动运营等知识
岗位	从业经验	其他
新媒体行业从业者即可	0～1 年工作经验	• 愿意积极向群主反馈问题 • 愿意积极提问、积极互动 • 活动参与积极性较高

2. 获取初始用户

确定完初始用户的属性，接下来就是组建社群并把初始用户拉入社群。组建社群即为建立微信群，因为较为简单不再详述，这里重点介绍如何获取初始用户。为了获取初始用户，L先生通过以下渠道进行获取工作。

1）朋友圈招募

首先 L 先生在朋友圈发布了初始用户招募信息，内容如下。

【重磅消息】 新媒体知识分享小组招募！

这是一个新媒体从业者互相交流学习的平台，100％诚意招募初始用户！

在这里你可以：

- 免费学习各类新媒体知识和经验
- 认识更多的同行专家和大佬
- 分享自己知识还能赚钱
- 更有众多新媒体资料随便拿！

只需要你：

- 在新媒体领域有 2 年以上工作经验
- 愿意沟通交流、乐于分享
- 有一定的空余时间

有意向者请加微信：××××××

在发布招募后，对于进行留言及私聊 L 先生的用户，L 先生都进行了沟通，最终转化出数十位初始用户。

2）熟人私聊

在 L 先生微信的近 5000 个好友中，有不少人和 L 先生是关系密切的。L 先生按照对这些人的了解，匹配了用户画像，私聊了数十位好友，其中大多数人都出于对 L 先生的认可与好感，同意成为社群的初始用户。

3）朋友推荐

在私聊熟人的同时，L 先生还找到了好友中在新媒体领域有一定影响力的朋友，请求他们帮助自己转发招募信息（L 先生朋友圈所发的信息），从而也获取了不少的初始用户。对于这些朋友，L 先生都给予了一定的实物或虚拟回报。

9.2.3 初期运营工作

在获取完初始用户、建立完社群后，就开始了社群的初期运营。L 先生决定先对社群模式中最核心的几项工作进行尝试。

1. 知识分享

知识分享工作即为社群中最核心的直播分享环节。L 先生通过一款自己较为熟悉的软件 CCtalk 进行这项工作，具体流程见图 9-13 和图 9-14。

2. 早报

为了提高用户对社群的打开率，为了满足用户需求，L 先生每天会发送热点新闻到群中。一般发的格式如下。

【每日 9 点钟】 一分钟了解互联网大事

20××年×月×日　星期三

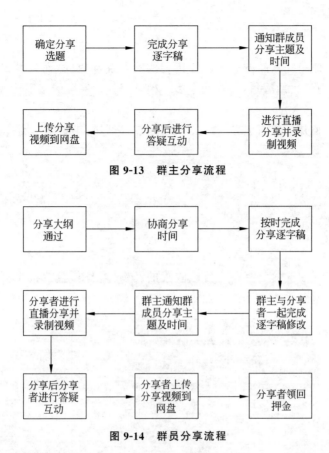

图 9-13 群主分享流程

图 9-14 群员分享流程

【今日热点】
◆ 微信公众平台新增单篇文章阅读分析

路径：登录 mp→统计→内容分析→群发数据→单篇群发，点击标题后方的"详情"即可查看。可以查看单篇的数据统计。

◆ 高德地图首页上线小程序主入口

在最新版客户端中，用户可打开最近使用和收藏的小程序，还可以查看由系统个性化推荐的"大家都在用"小程序列表。高德地图首批推荐的小程序主要集中在车主出行和本地生活领域。

【资讯快览】
(1) 嘀嗒出行上线"出租车智慧码"
(2) 天弘基金上半年净利润超 10 亿
(3) B 站 Q2 总营收 15.4 亿元，同比增长 50%
(4) 阿里钉钉用户数破 2 亿，企业组织数突破 1000 万

【昨日优秀文章推荐】
平日里都是负责内容运营的爸爸，为何遇到 ta，就情不自禁疯狂打 call？
(链接)
干货｜不会解决问题的人，已经踏上了"被淘汰"的列车
(链接)

3. 答疑互动

L先生并没有像一些竞品群那样设置指定的答疑互动时间,而是设置了专门的提问及回答格式,使答疑内容更加醒目,并且便于后续检索查找。答疑的文字格式如下。

1)提问格式

在提问时开头使用"♯提问:×××××"标签。例如,小王说"♯提问:什么工具可以帮助公众号文章排版"。

2)回答格式

在回答的时候使用"♯回答:@×××,××××××"标签。例如,小黄说"♯回答:@小王,你可以使用秀米或者135平台"。

4. 知识福利

L先生会不定期在群内分享一些自己收集的新媒体资料、行业报告、付费工具、行业课程等内容,图9-15为L先生分享的行业报告。

图9-15 L先生分享的行业报告

9.2.4 优化运营工作

经过一段时间的初期运营,L先生开始收集用户反馈,着手进行运营工作的优化。

1. 收集反馈

L先生向群内的每个用户通过私聊发送了调查问卷,最后得出了社群中存在的以下问题。

- 部分早报新闻吸引力不足。
- 知识福利中有些链接发出来时已经失效。
- 有时候群内的提问无人回答。

2. 进行优化

针对调查中体现出来的问题,L先生进行了以下的优化工作。

- 调整了早报内容,去除了投融资相关内容,增加了"昨日微博热搜"环节。
- 增加了一项工作:分享知识福利前先打开进行检查。
- 增加了一项工作:每天 12 点及 21 点通过检索关键词解决无人回答的问题。

9.3 社群发展期

经过优化后的新媒体知识分享群完美地度过了起步期,进入了成长期的运营。在成长期中,L 先生给自己设定的最重要的工作是推广拉新和用户维系,同时还要解决社群中出现的种种突发问题。

9.3.1 推广拉新

L 先生首先通过两次活动来进行社群的推广引流,这两次活动的内容如下。

1. 朋友圈集赞

L 先生在社群中举行了一次朋友圈集赞活动,活动内容如下:

群员转发社群的宣传海报至朋友圈并收集好友点赞;点赞超过 15 个可领取 10 本新媒体相关的电子书,点赞超过 30 个可领取一套××公司提供的视频课,点赞超过 50 个可参与抽奖活动。

其中,宣传海报是指 L 先生制作的社群成员招募海报,海报上的信息主要是为吸引潜在用户加入社群。图 9-16 是 L 先生制作的宣传海报样本。

图 9-16 宣传海报样本

抽奖活动是指在所有符合要求的人中抽取 3 人赠送 500 元现金奖励这一活动。

通过这一次活动，L 先生成功吸引了 100 多位用户加入社群，实现了社群的初次人员拓展。

2. 微博转发抽奖

由于 L 先生有一个数十万粉丝的微博号，因此他决定在微博进行一次宣传拉新活动。经过策划，L 先生设计出了以下两个阶段的活动计划。

1）第一阶段

发送有关社群介绍的广告文案，写明转发此条微博可参与抽取总计 500 元的现金奖励，抽取人数为 1 人，活动时间为 3 天。抽奖博文的抽奖信息部分如图 9-17 所示，中奖提示博文的内容形式如图 9-18 所示。

图 9-17　抽奖博文的抽奖信息部分

图 9-18　中奖提示博文的内容形式

📖 **多学一招：微博转发抽奖技巧**

对于微博抽奖的方法和规则感兴趣的读者可以自行去网上进行搜索，此处不进行详述。下面介绍一些在微博转发抽奖中会用到的小技巧：

- 为了增加流量，最好在正文中加入话题或超级话题。
- 在正文中一定要写明此次转发抽奖的规则，如需要@多少人、是否需要关注本微博账号等。
- 为了更好地实现引流效果，一般会采用"少量多次"的方法，即把总奖品量拆分为好几次抽奖，增加曝光率。

2）第二阶段

发送有关社群成员招募的广告文案，写明转发此条微博并@一位好友，即可参与抽取总计 2000 元的现金奖励，抽取人数为 4 人，活动时间为 7 天。

通过这样两次抽奖活动，L 先生的社群吸纳到了二百多位新用户。

9.3.2　用户维系

在社群拥有数百名用户后，L 先生逐步把工作的重心转移到了用户维系上，即满足群员的需求和增加群员对社群的情感关联。对此，L 先生做了以下三个工作。

1. 不定期抽样调查

L 先生在社群中会不定期地、随机地选取一些用户，进行私聊调查，询问他们一些关于社群的问题，例如氛围是否满意、分享后是否有收获等。通过这些调查，L 先生可以掌握社群当前的发展现状和问题点，便于及时调整优化。

2. 线下聚会

L 先生还组织了几次同城的线下见面会，分娱乐聚会和学习聚会两种类型。娱乐聚会是指以增进感情为目的，进行吃喝玩乐等一系列娱乐活动的聚会；学习聚会是指以增加知识为目的，进行分享、交流、实践等学习型活动的聚会。

通过线下聚会，L 先生增强了社群的凝聚力，增加了群员之间的熟悉度，提升了用户满意度。

3. 设置管理员

L 先生为了方便社群管理及减轻自己的负担，选了社群中和自己关系极好且有社群运营经验的两个群员，升级为群管理员，让他们帮助自己进行社群管理，主要工作有发布群公告、处理违规群员和保持社群活跃度。作为回报，L 先生会定期给他们一些实物奖励。

9.3.3 应急措施

由于人员众多，L 先生的社群在发展期中发生了不少的突发事件，对此 L 先生通过制定应急措施，逐一进行了解决，例如以下两个事件。

1. 群内矛盾

社群中由于人多嘴杂，时不时会有群员之间发生矛盾和纠纷。为了应对这类事件，L 先生制定了一套应对流程，如图 9-19 所示。

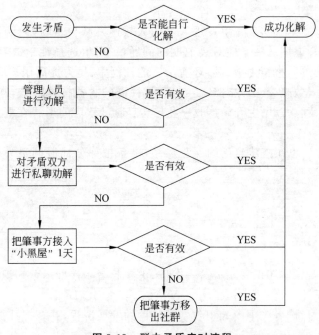

图 9-19　群内矛盾应对流程

2. 分享人无法分享

虽然 L 先生在群规中明确写了如无法分享需要提前 24 小时通知群管理者，但是突发情况是无法避免的，为了应对分享者临时有事无法进行分享，L 先生制定了以下应急措施。

在初始用户中征集分享主题，通过审核的要求其写逐字稿，奖励按规定金额发放，从而建立起分享备选库。

无法分享的情况一旦发生，首先在群内进行道歉，说明具体原因。然后从分享备选库中选取出一个近似选题的分享内容，重新发送分享预告，由该内容制作者或群主进行分享。

9.4　社群成熟期

随着第一个微信群满员，L 先生的社群运营开始迈入成熟期，即各项工作趋于正规化、模式化；群员之间相互熟悉，氛围良好。这时 L 先生的一部分工作就转移到了拓展社群上。除了拓展"新媒体知识分享 2 群""新媒体知识分享 3 群"等模式复制的社群外，L 先生还在 QQ 中建立了一个无需入群押金的"新媒体运营讨论群"，以较为简化的运营模式，吸引大量用户进入，从而形成一个庞大的流量池。

在实际的社群运营中，L 先生发现新媒体从业者换工作的频率较高，有较高的求职需求，于是针对有求职需求的用户，建立了一个收费较高的"新媒体应聘培训班"，内部提供建立优化、面试技巧、招聘信息分享、应聘公司分析等服务。

通过一系列社群拓展工作，L 先生搭建起一整套的社群体系，互相之间层层递进，且各有专精。

9.5　社群衰退期

在社群运营了一年半后，L 先生发现入群的人数逐月减少，社群内的活跃度持续走低，社群已经逐步进入衰退期。为了应对衰退期的问题，L 先生选择性地放弃一些活跃度极低乃至难以为继的"死群"，把精力放到了还有活力的社群中，尽力提高用户满意度。

此外由于入群人数减少，分享却还是在进行，社群的收益持续降低，甚至偶尔会发生亏损情况。为了增加营收，L 先生开始接收一些广告：通过软广的形式在群内发布广告信息，从而实现广告收入。

与此同时，L 先生也在搭建自己的课程体系，准备把部分社群调整为培训群，通过知识付费的形式来完成变现。

9.6　本章小结

本章主要通过新媒体知识分享群这一案例，串联起诸多社群运营知识，进行具体运营方法的展示。

通过本章的学习，读者应了解知识付费类社群的发展流程，并掌握社群起步期及发展期的运营方法。

图书资源支持

感谢您一直以来对清华版图书的支持和爱护。为了配合本书的使用,本书提供配套的资源,有需求的读者请扫描下方的"书圈"微信公众号二维码,在图书专区下载,也可以拨打电话或发送电子邮件咨询。

如果您在使用本书的过程中遇到了什么问题,或者有相关图书出版计划,也请您发邮件告诉我们,以便我们更好地为您服务。

我们的联系方式:

地　　址: 北京市海淀区双清路学研大厦 A 座 701

邮　　编: 100084

电　　话: 010-83470236　010-83470237

资源下载: http://www.tup.com.cn

客服邮箱: tupjsj@vip.163.com

QQ: 2301891038(请写明您的单位和姓名)

用微信扫一扫右边的二维码,即可关注清华大学出版社公众号"书圈"。

资源下载、样书申请

书圈

扫一扫,获取最新目录

课程直播